シンポジウム風景

安江明夫関西館長（現総務部長）

会場

パネルディスカッション

会場

参加者の皆様

パネルディスカッション

図書館新世紀

国立国会図書館関西館開館記念シンポジウム記録集

2002.11.16
2002.12.14

国立国会図書館関西館編
日本図書館協会発行

Commemorative Symposium of the Opening of the Kansai-kan
The New Century of Libraries
2002.11.16
2002.12.14

図書館新世紀 ： 国立国会図書館関西館開館記念シンポジウム記録集 ／ 国立国会図書館関西館編． － 東京 ： 日本図書館協会, 2003. － 6, 131 p ； 26cm． － ISBN4－8204－0313－3

tl. トショカン　シンセイキ　al. コクリツ　コッカイ　トショカン　カンサイカン
sl. 国立国会図書館　①016. 1

はじめに

　多くの方々のご尽力を得て、平成14年10月、国立国会図書館関西館が開館いたしました。ここに改めてご尽力、ご支援いただいた皆様方に国立国会図書館関西館を代表してお礼を申し上げます。

　国立国会図書館では関西館開館を記念して平成14年11月、12月の2回にわたりシンポジウムを開催いたしました。シンポジウムの全体テーマは「図書館新世紀」とし、11月16日の第1回は「図書館の再設計」、12月14日の第2回は「国際交流と図書館」をテーマといたしました。本書はこの2回のシンポジウムの講演、討論等を整理したものです。

　関西館の開館に至るまでの道程は長いものがありますが、その目標は一貫して21世紀初頭に高度情報社会に対応できる国立国会図書館を建設することでした。シンポジウムの全体テーマを「図書館新世紀」としたのも、この目標に即応してのことでした。と同時にこの対応を迫られているのは国立国会図書館だけではありません。情報技術、通信ネットワークが著しい発展を遂げる中で、公共図書館、大学図書館、専門図書館がそれぞれに大きな変化の波にさらされております。この転換期の図書館の姿を描き、今後の方向性を議論していただくことが今回シンポジウムのひとつの眼目でした。第1回シンポジウムで「図書館の再設計」のテーマのもと、図書館がデジタル環境下でどのような再設計が要求されているかを議論していただいたのもそのためでした。

　一方、第2回目のシンポジウムでは、国際交流の中で図書館が果たすべき役割を中心に議論していただきました。これは関西館が情報発信型図書館を目指すとともに、図書館協力の新たな展開と世界に広がるサービスを構想の柱としてきたことに由来いたします。インターネット時代、世界が一層緊密になってきている状況において、日本の図書館が国際交流に果たすべき役割を再整理する必要があります。日本の図書館は先進的な外国の図書館から多くを学びつつ発展してきましたが、「相互に学びあうこと」「一方通行の直流ではなく相互の交流」が重要です。この点も21世紀に課せられた日本の図書館界の大きな課題です。

　2回にわたるシンポジウムの開催にあたって特別講演者の長尾真先生（日本図書館協会会長・京都大学総長）、山折哲雄先生（国際日本文化研究センター所長）はじめ、講演者、コーディネーターの諸先生方に大層、お世話になりました。心から厚くお礼申し上げます。またシンポジウムには遠方からの方々も含め、多くの参加者に熱心に聴講していただきましたことを、大層、嬉しく存じております。

　「情報時代」は「図書館の時代」です。しかしそうなるためには諸々の困難を乗り越えて図書館が成長していかねばなりません。本シンポジウム記録がその一助となることを期待して序言といたします。

平成15年8月

　　　　　　　　　　　　　　　　　安江　明夫（国立国会図書館総務部長、前関西館長）

編集事務局注
　各講師の方々の講演記録中の小見出しは、事前原稿にその指示があったものを除き、編集事務局によるものです。

目次

はじめに　安江　明夫（国立国会図書館総務部長、前関西館長） ………………………… iii
講師紹介 ………………………………………………………………………………………… vi

第1回　図書館の再設計

主催者挨拶　　　安江　明夫（国立国会図書館関西館長） ………………………… 3
特別講演　　　　理想の図書館 …………………………………………………………… 4
　　　　　　　　長尾　真（日本図書館協会会長・京都大学総長）
報告　　　　　　大学図書館経営における電子図書館機能の基盤整備について ……… 20
　　　　　　　　伊藤　義人（名古屋大学教授・附属図書館長）
　　　　　　　　利用者にとっての図書館 ……………………………………………… 35
　　　　　　　　辻　由美（作家・翻訳家）
　　　　　　　　電子図書館の衝撃 ……………………………………………………… 41
　　　　　　　　津野海太郎（和光大学教授・『本とコンピュータ』総合編集長）
　　　　　　　　国立国会図書館の新サービス計画 …………………………………… 48
　　　　　　　　村上　正志（国立国会図書館関西館資料部長）
パネルディスカッション ………………………………………………………………… 54
　　　　　　　　コーディネーター：塩見　昇（大阪教育大学名誉教授・大谷女子大学教授）

第2回　国際交流と図書館

主催者挨拶　　　安江　明夫（国立国会図書館関西館長） ………………………… 73
特別講演　　　　アジアと日本の文化交流 ……………………………………………… 74
　　　　　　　　山折　哲雄（国際日本文化研究センター所長）
報告　　　　　　電子情報時代の国際交流 ……………………………………………… 83
　　　　　　　　ディアナ・B・マーカム（米国図書館・情報振興財団理事長）
　　　　　　　　グローバルな図書館像を求めて ……………………………………… 92
　　　　　　　　竹内　悊（日本図書館協会理事長）
　　　　　　　　国際交流の現場からの報告 …………………………………………… 98
　　　　　　　　洲崎　勝（国際交流基金人物交流部受入課長）
　　　　　　　　姫本　由美子（トヨタ財団プログラム・オフィサー）
　　　　　　　　国立国会図書館の国際活動　―日本、アジア、世界― ……………… 106
　　　　　　　　安江　明夫（国立国会図書館関西館長）
パネルディスカッション ………………………………………………………………… 112
　　　　　　　　コーディネーター：渡辺　信一（同志社大学教授）

付録　関西館の概要 …………………………………………………………………………… 127
あとがき ………………………………………………………………………………………… 131

講師紹介

第1回　図書館の再設計

長尾　真

　日本図書館協会会長、京都大学総長。京都大学大型計算機センター長、同附属図書館長等を歴任し、1997年12月から総長に就任。2000年5月から日本図書館協会会長に就任。専門は情報工学。コンピュータによる画像処理や自然言語処理を研究。早くから電子図書館実験システム"アリアドネ"、貴重書の画像データベース化などに着手。

伊藤義人

　名古屋大学教授、附属図書館長。専門は環境情報学、構造工学。2000年4月から附属図書館長を併任し、現在は国立大学図書館協議会の「電子ジャーナル・タスクフォース」のコア・メンバーを務める。

辻　由美

　作家、翻訳家。パリでの通訳業を経て、翻訳家・作家として活動。著書に『世界の翻訳家たち』（日本エッセイスト・クラブ賞受賞）『図書館であそぼう』など。

津野海太郎

　和光大学教授、『本とコンピュータ』総合編集長。1964年4月晶文社入社。1997年7月『本とコンピュータ』を創刊。著書に『本はどのように消えてゆくのか』『誰のための電子図書館』など。

塩見　昇

　大阪教育大学名誉教授、大谷女子大学教授。大阪市立図書館司書から大阪教育大学講師、同教授、同附属図書館長を歴任。2002年4月から現職。日本図書館研究会理事長。日本図書館協会理事。著書に『生涯学習と図書館』『知的自由と図書館』『教育としての学校図書館』など。

講師紹介

第2回　国際交流と図書館

山折哲雄

　国際日本文化研究センター所長。専門は宗教史、思想史。国立歴史民俗博物館名誉教授、国際日本文化研究センター名誉教授、京都造形芸術大学大学院長等を歴任し、2001年5月から現職。著書に『近代日本人の宗教意識』など。

ディアナ・B・マーカム

　米国図書館・情報振興財団理事長。ケンタッキー大学図書館司書、研究図書館協会経営研修専門員、アメリカカトリック大学図書館情報学部長、米国議会図書館利用者サービス・資料管理部長等を歴任し、1995年から現職。

竹内　悊

　日本図書館協会理事長。専修大学教授、図書館情報大学教授、同副学長、同附属図書館長等を歴任。2001年5月から現職。著書に『図書館のめざすもの』など。

洲崎　勝

　国際交流基金人物交流部受入課長。1983年4月国際交流基金に採用。1990年3月から在ロシア日本国大使館勤務。1993年4月に国際交流基金に戻り、芸術交流部展示課、関西国際センター研修事業課、メキシコ事務所長等を歴任し、2002年4月から現職。

姫本由美子

　トヨタ財団プログラム・オフィサー。1986年1月トヨタ財団入社。東南アジアの研究者による域内の相互交流、相互人材育成、共同研究の促進を助成する「東南アジア研究地域交流プログラム」などを担当。

渡辺信一

　同志社大学教授。京都府立図書館、同志社大学文学部専任講師等を経て、1982年4月から現職。日本図書館研究会理事（学術会議・国際交流担当）。日本図書館情報学会理事。著書に『メディア・センター論』（共著）など。

第1回
図書館の再設計

2002.11.16

主催者挨拶

国立国会図書館関西館長　安江　明夫

　皆様、おはようございます。秋晴れの穏やかな日に、たくさんの方々にシンポジウムにお越しいただくことができました。国立国会図書館関西館は、地元関西の方々を含め、大変多くの方々のご尽力をいただきまして先月7日に開館いたしました。本日、そして12月14日は、この関西館開館を記念してのシンポジウムでございます。

　大変ご多忙の中、本日は、日本図書館協会会長・京都大学総長の長尾真先生をはじめ、名古屋大学教授・附属図書館長の伊藤義人先生、作家・翻訳家の辻由美さん、和光大学教授・『本とコンピュータ』総合編集長の津野海太郎先生に講師としてお越しいただいております。それから午後の討論のコーディネーターとして、大阪教育大学名誉教授・大谷女子大学教授の塩見昇先生にお越しいただいております。講師の諸先生方、司会の塩見先生に心からお礼を申し上げます。

　今回のシンポジウムのテーマについて、少しだけ触れさせていただきます。国立国会図書館では、ここ数年来、館の総力をあげて関西館の建設に取り組んでまいりました。その折々に私どもは「関西館開館の暁には」あるいは「関西館開館を契機にして」、と国立国会図書館の将来の展望を示してまいりました。今、その関西館が開館いたしまして、東京本館、更には国際子ども図書館に加えて、関西館を拠点として図書館サービスを開始いたしております。また、図書館に足を運ばなくてもサービスが受けられる遠隔利用者サービスを飛躍的に向上させつつあります。電子図書館の内容も、この10月、11月に大幅に拡充しつつあります。このようにして、これまで当館が準備してきた成果を世に問い始めておりますが、関西館開館のこの時期は、私どもにとって新しい世紀の始まりと認識いたしております。

　しかし、新しい世紀を迎えているのは私どもだけではございません。情報環境が変化しておりますし、社会全体が大きな変動期にあります。その中で、どの図書館も重要な転換期を迎えていると思われます。少し単純化した言い方になりますが、図書館はこれまで名前が示すように、図書や雑誌をベースとして設計され、運営されてまいりました。その運営によって、公共図書館は生涯学習の拠点として、あるいは地域社会の情報基盤と目されております。また、大学図書館はしばしば大学の心臓と称されてまいりました。しかし、皆様ご承知のように、図書館では、これまでの伝統的な図書・雑誌に加えて、電子情報が多用されるようになってきております。そして一方で、インターネットのような通信ネットワークが大変広く活用されるようになってきております。このように変化しつつある環境の中で、公共図書館、大学図書館、あるいは専門図書館、国立国会図書館が改めてどのような役割と機能を果たすべきか、また期待される機能を果たすために何を考え何に取り組むべきか。

　関西館開館記念シンポジウム第1回の本日は、このような点について講師の諸先生方からお話しいただき、また議論していただきたいと存じます。先生方、皆様方、よろしくお願いいたします。

特別講演
理想の図書館

日本図書館協会会長・京都大学総長　長尾　真

　皆さん、こんにちは。京都大学の長尾でございます。今日は、「理想の図書館」というすごい表題で話をすることになりました。これは、何をしゃべるのかということに興味を持っていただいて、一人でも多くの方々にいらしていただくのにちょうどいい表題であるということで決まったわけでございますが、お聞きいただくといささかがっかりなさって、そういう意味では少し申し訳ないような気もいたしますが、少しばかり時間をいただきたいと存じます。

電子図書館には何ができるか
　図書館には、今、安江館長がおっしゃいましたように、いろいろな図書館がございまして、従来型の図書館からどんどん最近は電子図書館の方に移ってきています。これは、出版自体がそのようなところにどんどん来つつあるために、そういう方向に向かっているわけですが、理想の図書館というものについて語る時、技術的にも社会的にも、周囲のいろいろな環境から、どうしてもそういう電子的な図書館という方向に向かって考えるしかないという状況になってきていると言えるのではないかと思います。なおかつ単一の図書館からネットワーク型の図書館システムの方に移行しつつあるということになります。また図書館と言われているものが、情報館だと言われたり、あるいはインターネットのシステムそのものが電子図書館だと見なされている場合もありまして、どんどん図書館というものの形態や内容が変わりつつあるということかと思います。そういった世界がどういうところに行きつつあるか、あるいは行ってもらいたいかということについて、いろいろ考えてみたいと思います。
　まず図書館ですから、本、情報、資料を取り出す。それは検索ですが、検索という段階からもっとナビゲーション、つまり案内という方向に行くのではないかと考えられます。検索の場合、図書カードの書誌情報やキーワードで検索する、あいまい検索する、クイック（KWIC）索引で検索する、サイテーション・インデックスのようなものを使って検索する、全文検索するというふうにいろいろな方法がありまして、検索ということが多様化してきておりますが、それが、一般の人が使うようになればなるほど、検索からむしろガイダンスといったものに変わっていくのではないかと考えられます。ガイダンスということになりますと、システムとユーザー（利用者）との対話ということを考えなければならなくなる。つまり、皆さんが図書館に直接来られて、図書館の司書の方々といろいろ話をして自分の要求、希望というものを伝えることによって、図書館の人が「その場合だったら、このようにしたらどうですか」というような案内業務をしてくれる。参考業務をしてくれる。これから電子図書館化していく中では、そういうことが自動的に行われるようにしていく必要がある。これがどこまで人間的なかたちで自動化できるかということが、私のような研究者にとっては大変興味のあるところでございまして、いろいろなことを考え、

開発が行われつつあります。

　そういった中で、やはり一番面白いと思われるのが、連想的な検索です。つまりシステムとして、分類項目などいろいろなリンクをきちんとつけて検索するということはやらなければいけないわけですが、それ以外に私どもはふと思いついて、これはどうだったかなというようなことや、過去の経験を頼りにしていろいろな情報に行き着いていく、たどっていく、そういったことが、どこまで情報の世界、電子図書館の世界で実現できるかという点が大変興味のあるところです。こういったことにつきましては、私はずいぶん前から興味を持っております。もう10年以上前になりますが、1990年に岩波書店から出しました『岩波情報科学辞典』は、いろいろな引き方をすることができます。一度図書館などで見ていただいたらいいと思いますが、項目からも引けるし、項目ではなく単純に思いついた単語からでも引けるし、分類項目からでも引けるし、あるいはある分野の内容を細かく調べていきたいというふうに、大まかなところから詳しく分析的に追求していきながら引くこともできます。そしてまた、関連情報も参照できるといったことを冊子体の世界で実現したわけですが、そういったことを電子的にやるとなりますと、非常に簡単にできます。そのようなことをこれからどんどん実現していかなければいけないのではないでしょうか。そういったことは、これまでの図書館ではおよそ物理的にも不可能でしたし、現在電子図書館と言われて、ある程度サービスが行われつつある図書館におきましても、情報の量があまりにも膨大で、まだまだ情報がきちんと整理されないということから、それが十分にできない状況にあるわけです。

　案内、ガイダンスということになりますと、ここに書きましたような所在情報、SDIサービスなど、いろいろなものが既にございますが、これからは広くいろいろな人たちが使うということになりますと、事実検索に入っていく必要が出てくるのではないかと密かに考えております。図書館の機能が事実検索まで入るべきなのか、入ってはいけないのかということは非常に難しい問題であると考えます。今までの図書館の概念、考え方というのは、そういうことだったのではないかと思いますが、電子図書館化されて自分の端末からいろいろなことができるようになりますと、結局、利用者は事実検索を望むことになると思います。その場合に、どういうプロセスを経ることができるか、経るべきであるか、どういうことをやれば事実検索がきちんと満足のいくかたちでできるかという点がやはり大きな問題になってくると思います。そうなりますと、百科事典的な内容だけではなく、あらゆる学問、情報、事実といったものをコンピュータの中に入れておかなければならないわけでして、壮大なシステムを空想する、想像することが必要になってくると思われます。

　もう一つ、先ほど申しました、図書館というものが単一の図書館で閉じることなく、ネットワーク型の図書館になっていく、あるいはいろいろな事実検索ということを考えますと、図書館システムはクローズされた世界ではなく、あらゆるところに広がっていくオープンシステムになっていくべきではないかということになります。新聞の情報も知りたい、今日のテレビの内容も知りたい、あらゆることを知りたいという立場で図書館というものを考えた場合、世界中に広がったオープンなシステムで情報をとらえる、見ていくということにならざるを得ませんが、そうなりますと、多言語問題を解決しなければなりません。

電子図書館と機械翻訳

　私は、機械翻訳の研究を随分やってまいりましたので、そのへんについて簡単にお話しさせていただきます。図書館の話でなぜこんな話をするのだろうと思われるかもしれませんが、今日は午後から図書館に関する専門の先生方がいろいろお話しになりますので、私はどちらかというと、前座として何でも好きなことを適当にしゃべらせていただくということでお許しをいただきたいと思います。とにかく、まずいろいろな言語の文字を扱わなければなりません。これは現在の図書館の場合でも深刻な問題でありまして、世界中の文字を扱えるような図書館は今のところどこにもございません。数か国語、10か国語程度の言語の文字なら扱うことができるようになりつつありますが、それ以上の文字は扱えません。そこをどうするか。ユニコードでも限界がありますから、どうするかという問題がございます。それは検索の場合だけではなく、書誌的情報の入力はもちろんですし、特にテキスト入力の時に大きな問題になります。多言語文字が扱えるとしましても、膨大な多言語の変換辞書を持たなければなりません。つまり翻訳などいろいろなことを考えなければいけないのです。我々としては、例えば日本語でロシアの図書館のいろいろな情報を検索したいという場合が出てくるでしょう。英語の場合は何とかできるかもしれませんが、ロシア語その他の文字からなるテキストになってきますと、途端にお手上げになります。そういうことを解決するにはどうしたらいいかという問題を考えなければいけませんので、自動翻訳という方法を考えざるを得ません。

　自動翻訳、つまり機械翻訳についての説明を、ここであまりしてもいけないと思いますが、元の文章を入れ、解析して変換して目的言語の文章を作り出すというものでありまして、ある程度の使いやすさといいますか、ある程度の質の翻訳システムはできておりまして、現在いろいろなパソコンで使えます。特に英語と日本語の間だと、ある程度使えます。そのようなものが1万円以下のソフトウェアとして売られています。あるいはパソコンを買うと、標準のソフトウェア装備として入っています。フランス語、ドイツ語、イタリア語、スペイン語、ロシア語等から、最近は中国語、韓国語等まで範囲を広げて、10か国語ぐらいの言語と日本語との間の機械翻訳システムはある程度使えるようになってきています。図書館でキーワードを介してある種の検索をするというだけであれば、かなり使えるのではないかと思われますが、その結果取り出されたテキスト、例えばロシア語のテキストを引っ張り出しても、自分がロシア語を読めない場合はどうしようもありませんから、それを日本語に翻訳して読みたいということになります。そうしますと、しっかりした翻訳システムを用意しなければならないということになるわけです。そのへんがこれからの大きな問題ですが、技術文章や定型的な文章の場合はまず翻訳がある程度できますが、文学作品などはなかなか難しいというのが現状でございます。それをもう少し欲ばりまして、最近では音声翻訳システムというものもずいぶん研究されておりまして、この国会図書館関西館のちょうど西隣に、ATRという国際電気通信基礎技術研究所がございますが、そこで今、一生懸命研究開発されておりまして、声でいろいろな要求を出すと、それが英語なら英語に翻訳されるという、音声翻訳というものができつつあります。こうしたことは夢物語のようにも思えるかもしれませんが、私どもの京都大学の電子図書館システムは、こういう基本的な機能を備えておりまして、どのターミナルからでもできるわけではありませんが、図書館が指定している、きちんとした端末装置で、もちろんそういうソフトウェ

アが入っている端末装置はたくさんあるわけですが、そこからなら機械翻訳システムを介して、京都大学の電子図書館を利用できることになっております。

電子ジャーナルとその課題

　さて、これからは電子ジャーナルの世界にどんどん変わっていくことになります。これがまたお金の問題で大変なわけです。私どもの大学では、何千タイトルという世界のサイエンティフィックなジャーナルを導入して研究者にサービスしているわけですが、その値段が非常に高くて大変だということで、電子ジャーナルを今後どういうふうにするかということが非常に大きな問題になっております。電子ジャーナルの中でもいろいろ工夫されていまして、Web of ScienceやWeb of Knowledgeといわれてコマーシャルに出ているようなものは、かなりのことができるようになりつつあります。こういうサービスをどんどん付加的サービスとしてやっていくことが、電子ジャーナル、電子図書館の場合は可能でありまして、こういうサービスはこれからもどんどん開発、開拓されていくべきものだと考えられます。このWeb of Knowledgeというのは、十数年前に『岩波情報科学辞典』で作ろうと思っていろいろ試したことの延長線上といってもいいようなものではないかと思いますが、関連するあらゆる資料情報をうまくネットワーク的にアクセスしていくことを可能にするというものです。

　この電子ジャーナルが将来どうなっていくか。これについてはいろいろな見方ができるでしょう。その一つの大きなポイントは、科学者や技術者など、論文を書く人のある種の行動様式です。そしてもう一つは学会です。いろいろな学会がありますが、学会がどういう考え方を持つかということになると思います。つまり、学会自身が雑誌を電子的に非常に安いコストでどんどん発行できるようになりますと、またそうするべきだと思いますが、コマーシャルな電子ジャーナルの会社のこういうものの値段はどんどん下がるでしょう。今後どうなっていくか、面白いところだと思いますが、何千何万とある学会が、それぞれどういう考え方で電子的な出版物、雑誌、資料を扱うかという点について、まだきちんと足並みが揃っていないわけでありまして、そこに大きな問題があります。ですが、たぶんあと10年もすれば、かなりのところまで電子出版のシステムは進みますから、貧乏な学会あるいは人手の少ない学会でも、学会雑誌というものをどんどん電子的に出すことができるようになって、ずいぶん変わっていくのではないかと考えております。ただ、雑誌のレフェリーのシステムが一番肝心な問題でありまして、雑誌、論文というのはクオリティを保たなければいけませんから、コマーシャルな雑誌社、たとえばエルゼビアなどいろいろなところにおいてもそう簡単にできないわけでありまして、学会が相当しっかりして、研究者、レビューアーなどの人をきちんと押さえることができれば、ずいぶん状況も変わっていくのではないか、そういう運動を起こす必要があるのではないかとも思っております。

マルチメディアと携帯端末

　次は、マルチメディアの電子図書館ということに話を移したいと思います。今までの図書館は、主としてテキストを扱っておりました。もちろん、その他に地図、写真、レコードなどいろいろなものを扱ってきましたが、それはあくまでもサブのものでありました。

ところが電子図書館になりますと、そういうものを対等に扱っていくことになります。つまりテキストのほかに、画像、講演を録音した内容、音楽、写真、それからもっと言いますとビデオ、そういったものすべてを対等にハンドリングしていかなければなりません。そしてなおかつ、そういう異なったメディアの間にリンクをつけて、関連する情報を自由に取り出せるようにしなければならないのです。これがこれからの電子図書館の最も面白いところではないかと思われるわけであります。京都大学附属図書館の電子図書館システムでは、一生懸命いろいろなことをやってくれているのですが、国宝や重要文化財のテキストがたくさんございまして、現在これが20万ページ以上、コンピュータの中に入れられて、読めるようになっております。しかし、このような毛筆のオリジナルが読めるというだけでは、私のような素人にはだめなので、並行して活字版のものを出すことができるようにする。例えば絵物語についても、活字本のテキストにリンクをつけて同時に引っ張り出して、対照して読むとか、そういうことができなければいけないわけです。そういうことがいろいろできまして、それを拡大して見ることによって、文字の形を細かく見たり、あるいは紙の裏に書かれている文字などもある程度は見ることができるという精度にまでなってきているわけです。京都大学の電子図書館はその他にいろいろなものを入れておりまして、例えば図録や地図でも鳥瞰図を入れたり、いろいろ楽しいことができるようになっております。これはすべてインターネットでアクセスしていただけばどなたでも見ることができますので、ぜひ一度、京都大学の電子図書館システムを探索して遊びまわっていただけば、非常に面白いことがいろいろできると思います。

　その他に、京都市が京都駅前のコンソーシアム京都がある建物に、デジタルアーカイブ京都というものを作っておりまして、そこでもいろいろなデジタリゼーションの努力をしております。京都市美術館所蔵の絵をデジタル化したり、二条城の障壁画、狩野探幽ら狩野一派のものがたくさんございまして、国宝や重要文化財になっていますが、これは京都市所有のものでありますので、京都市がスポンサーをしております京都デジタルアーカイブでは全部これを自由にできます。そして超高精細デジタルカメラでどんどん撮りまして、保存しているわけです。万一火事が起こったり、破損したりしましても、このデジタル世界で残しておくことができます。そして実寸大でほとんど色も変わらずにきちんと出せるという再現技術もかなり研究されています。地下鉄の車両に障壁画をはりつけ、屏風に作ったり、着物に印刷したり、そういうことで商売をしているようです。デジタルアーカイブを作るには莫大な費用がかかりますが、一方ではこういうことをして販売します。ですから、注文を受けて壁に模様を入れたり、お祝いの風呂敷にこういう図柄を入れてプリントしたものを売ったりして、金を儲けることを考えているようです。そんなこともありますが、画像やビデオなどいろいろなものを対等に扱うことが最も大切になります。

　そういった世界になりますと、今度は利用端末というものをもっと高級化していかなければなりません。パソコンで電子図書館を利用するという方法が今のスタンダードなやり方でしょうが、これからはそんなことではだめでしょう。我々は、文庫本や新書版の本など、いろいろな本を電車で立ってでも読むことができますが、そういうことを電子的にも可能にする必要があります。つまり、軽い携帯読書端末機というものを開発する。そしてそれを高速無線デジタル回線でやり取りして、いろいろな本を即座にその電子ブックの中に持ち込んで、電車の中でも読めるようにするということです。これは、ここ3～4年で猛

烈に研究開発が進み、既に試作品が企業の中で作られておりまして、あと1～2年すれば、非常に魅力的な電子ブックが出てくることは間違いありません。最初に出てくるのは少し重いでしょうが、それでも片手に持って、B5版ぐらいで簡単に読める。そして新聞の活字ぐらいの小さな活字を、新聞と同じぐらいの白黒のコントラストでぴしっと見ることができる。カラー版もそのうち出るでしょうが、そういう時代になってきておりますから、随分端末というものの概念が変わっていくと思われます。今ピッピッピとやっている携帯電話の大型版というイメージですね。そこではもちろん情報検索ができる。人と対話もできる。そしてビデオも映る。ほかにも、先ほどから言っておりますような言語の翻訳であるとか、自動的な朗読をしてもらうとか、辞書引きもできるといった、いろいろな機能を持っている。そして自分のノートブックとしてそれを機能させることもできる。本を読みながら、自分はここのところでこういうコメントを書いておきたいという時には、電子ブックの世界でコメントをちょちょっと書き込む。アンダーラインも引ける。そういう電子ブックというものが必ずできると思います。コンピュータ端末が嫌いな方もたくさんいらっしゃるでしょうが、本当に、紙の本を読んで本の縁にいろいろインデックスをつけたり、自分がメモを書き込んだりするような機能はすべて満たし、なおかつ辞書を引いたり、他の本を同時に参照したり、何でもかんでもできるような端末装置というものができて、パソコンの嫌いな人でも気にせず使えるようになるでしょう。しかも、多分これから2～3年先には出てくると考えられます。

電子図書館とネットワーキング

　しかしながら、電子図書館を構築するということを考えた場合に、大きな問題は、何と言ってもお金がかかるということであります。情報のデジタル化にはものすごくお金がかかる。図書カードやテキストを入力する時だけではなく、画像などいろいろなものを入れていく時にも、ものすごくお金がかかる。しかも膨大な量を入れなければならない。そうした時にどうしても考えなければならないのは、ボランティアの協力体制を作るということではないかと思われます。たとえば1千万の書籍があったとしますと、これをキーボードからきっちりコンピュータに入れるという作業は、想像もできないぐらいの膨大な量になるわけですが、日本中のボランティアの人が、例えば100万人ぐらいの人が協力してくださるとすれば、一人が10冊ずつの本を何年間かの間に入れていただくと、100万人の人で1千万冊入ることになります。そのように、お互いがボランティア的なかたちで協力し、手分けをしてそういう情報を入れるというシステムを作らないと、膨大なお金がかかってどうしようもないということになるのではないかと思っております。

　そのようにして情報コンテンツをコンピュータの中に入れたとしますと、今度はそれが膨大な量になりすぎて、いかにコンピュータといえども、簡単に引くことができませんので、やはり情報をいかに体系化して把握するかということになりまして、分類システムというものをもう一度よく考える必要がでてきます。あるいは学問体系を反映してどのようなことを考えるか、関連情報をどうやってリンク付けするか、というようなことです。こういうことについてどこまで自動的にできるかということについてはかなり研究されておりまして、これからはもっとそれが精密な研究になっていくだろうと思います。ですから、オートマティックにこういう情報の体系化システムが働いて、何とかなるのではないでし

ょうか。それから、もちろん情報の加工、あるいは二次情報の作成といったことも自動的にできるようになりつつありますし、またこれからはそういうことがちゃんと行われるようになると思います。

そうしますと、そういう電子図書館を作った場合、やはり最初に申しましたように、一つの電子図書館だけで使うということでは全く意味がないわけでありまして、電子図書館がネットワーク的に協力しあう、しかも世界中で協力しあうというようにしなければいけません。そこでまた相当な技術問題が出てきます。共通のアクセスモデルを作らなければならない、あるいはコンテンツ、内容に関するメタデータの記述体系をどうすべきか、標準化できるのかどうか、標準化できない場合にそれをコンバージョン、つまり相互変換するシステムをどうすれば作ることができるのか、あるいはもっと面倒な問題としましては、権利保護、プライバシー保護、著作権の問題等々、そういうことをどのようにクリアーしながらこの電子図書館を相互利用していくかという問題が出てくるわけです。

そうなると、電子図書館とインターネットはほとんど同じではないか、あるいはインターネットの方が面白いし、強力ではないかという意見もありますし、インターネット＝電子図書館だと言う人もいますが、やはりそこには違いがあると考えた方がいいのではないでしょうか。例えば、情報の質であるとか、情報の信頼性の問題であるとか、あるいはインターネットの情報の場合には、どんどんその情報が変化していくため、永久保存という概念のない情報がものすごく多いわけですが、図書館の場合には、やはり情報というものについては永久保存を前提に考えなければならないわけです。そうなりますと、図書館というものは、いったいどこまでの範囲の情報を扱うか。これはなかなか微妙で面白い問題ではないかと思います。先ほども言いましたが、電子図書館システムの場合は、世界中の図書館システムが連携するだけではなく、図書館以外のいろいろな情報にまで裾野を広げてオープンなシステムとして働くことを考えないと面白くありません。そうすると、どこまでの範囲を図書館というのか、あるいは図書館的に何かメンテナンスをするとか、あるいは相互協力の契約をするとか、どこから先はむしろ排除する、つまり悪質な情報は排除しなければいけませんから、悪質な情報をどうすれば排除できるかといったことについて判断力を働かせなければならないということで、また大変大きな問題が出てくるわけです。

電子図書館と著作権

そこで、いろいろな問題の中で一つの大きな問題として、図書館と著作権という問題があります。これはなかなか難しすぎる問題ですが、著作権問題と図書館というのは本当に真剣に考えなければならないと思います。ただ、遠い将来、電子図書館というものが本当にどういう形態になるのだろうかということとあわせて考える必要があると思います。どういうことかと言いますと、例えば、今Web of Scienceなど電子ジャーナルへのアクセスというのは、図書館にアクセスすれば電子ジャーナルがもらえるわけですが、それは図書館を経由して電子ジャーナルを出しているエルゼビアなどの出版社のデータベースにアクセスしてとってくることになります。つまり図書館は中継点であって、コンテンツそのものを持っていないわけです。今後、どういうところまでそういうシステムが広がっていくかということについては、非常に興味があります。例えば、小説の作家が、ひょっとする

と自分のコンピュータに自分の小説を書き込んで、そこからインターネットに直接発信する。そして読みたい人は読んでください、あるいは1回読んだらいくらお金をいただきますという形になるかもしれない。つまり出版社を介さずに直接ユーザーと作者が結びつく可能性もある。だから、出版社というものが今後どういう形になっていくか、それから図書館というものがどういう形になっていくかということと著作権問題は、やはりかなり関係を持つようになるのではないかと考えます。現時点で、あるいはこれから10年先までの間に、著作権問題をどう扱っていくか、電子図書館の場合はどうするかということを真剣に議論して、ある種の妥協をしなければいけないと思います。

そういう問題はたくさんありますが、20年先、30年先の、いわば理想の図書館ということを考えた場合、ひょっとしたら、現在想像している世界を突き抜けたまた別の世界というものがあるかもしれません。そこでは著作権というものが、またかなり違った観点から見られる可能性があるのではないかという気もします。ですから、先ほどの話の続きになりますが、図書館が、ひょっとすると将来の出版物に対して、コンテンツそのものを自分が持つのではなく、ガイダンスを与える、仲介役になる、利用者の要求を正しく仲介して、出版社あるいは著者そのものにアクセスするルートを作ってあげる、そういうものになるかもしれません。中が空っぽということになるかもしれないわけです。そうした場合、著作権問題はどうなるのでしょうか。著者や出版社はお金が欲しいわけですから、お金を1回いくらというかたちで取らざるを得ないでしょうし、高い値段でなければ読む人は我慢して支払うでしょう。しかしながら、図書館の精神からすると、誰もが貧富の差なく、人類の英知に接することができなければならないという原則をどうするかという話になります。そういった場合には、やはり例えば国の政策として、子供たち、学校、お年寄り、ハンディキャップのある人、生活保護を受けておられるような方々は、電子的にアクセスした場合にもただにするけれど、それ以外の人たちはそれ相当のお金を払ってくださいというように、図書館の利用概念が変わっていくかもしれないという空想もできるわけです。今、図書館はただで利用できるわけですが、図書館に行くためにバスに乗らなければならないとすると、1回100円か200円、往復すれば何百円かのお金が必要になるわけですから、電子的に本を借り出した場合に何百円か、あるいは、もっと安い100円程度はお金を払うのも仕方がないということになるかもしれません。そういった問題を含めて、電子図書館の世界におけるお金の問題というのは、今までの概念を頑なに守っていくということでは解決できないし、新しい考え方でいく方が、ひょっとしたらいいかもしれないわけです。

電子図書館の時代における図書館の役割

マルチメディア電子図書館の世界になるとしますと、いろいろなことを考える必要があります。例えば、出版社や他の電子図書館とどのように連携していくのがいいのでしょうか。先ほど言いましたように、電子図書館が何もコンテンツを持たないようなシステムになった場合、電子図書館の存在意義とはいったいどういうことになるのでしょうか。そういうことになりますと、やはり必要な情報に誘導する時の付加価値というものをどのようにつけていくかということを考える必要が出てくるのではないでしょうか。例えば、この本はこういうふうに面白いし、こういう分野ではこの本とこの本はぜひ読む必要がありますよというように、いろいろな相談にのるとか、あるいは難しい本の解説をうまく抄録的

に与えるといったことです。オリジナルな情報は、世界中に分散して存在している。それを1か所の図書館に集めることは絶対に不可能である。だから分散している情報を分散したままで、なおかつある観点からはすべて把握できるというかたちで電子図書館というものを考えざるを得ません。その場合の電子図書館の働きは、そうしたガイドを与えるとともに、そこにうまい解説であるとか、ガイドラインを与えるとか、相談にのるとか、そういったいろいろな付加価値をどこまでつけていくかというところに、これからの電子図書館の一つの方向があるのではないかと思われます。

　いろいろ問題がありますが、電子図書館というのは全然面白くなくて、やはり紙の図書館で本棚を眺めないと気がすまないという人はたくさんいますし、私も全くそうですが、普通の図書館も大きくなりますと、ほとんどすべてが自動倉庫になってしまいます。この国会図書館関西館を先般開館された時に見学させていただきましたが、もちろん開架式の書架があって、かなりの数の本が並んでいました。しかし、それ以外の本は多くが自動書庫に入っておりますから、これは電子図書館で引っ張り出すのと全く同じことでして、立ち読みしてまた返して隣にあった本を見たいというような、書架をうろつくといった贅沢なことができない世界に既になってしまっているわけです。つまり紙の図書館においてもそうなのです。ですから、電子図書館の世界で本棚をうろちょろ歩くことができるようなソフトやシステムは、作ろうと思えばもちろん作れるわけですから、そういうことで欲求不満を少し解消していただくといったところで我慢していただく必要があるでしょう。

　図書館が扱う情報の単位というのはどういうものであるのかについて、もう一度真剣に考え直す必要があります。紙の図書館の場合は、あくまでも冊子が単位になっています。電子図書館になりますと、一つの本や一つの論文といったものを基本単位に考えるわけですが、これが利用者から考えた場合の単位になるとは限りません。むしろ例えば500ページなら500ページある本の中の第何章だけを自分が読みたい、あるいは第何章の第何節だけを見たい、あるいは中の図面だけを見たいということもあるわけですから、情報の単位というものをもっと積極的にフレキシブルに考える必要があるし、また電子的な世界ではそういうことが可能になります。そうしますと、自分が必要とする情報だけを全部うまく取り出してきて、それを全体的に眺めながら勉強するとか、考えるとか、そういうことができるわけでして、電子図書館になりますと、情報の取り出しの単位というものをどう考えるか、それが自由にできるようにするには、情報の記憶についてどういう仕掛けが必要かといったことを考えなければならないわけであります。これにつきましても、私はいろいろ研究しましたが、大規模電子図書館の場合に、これを経済的にペイするかたちでどこまで実現できるかというのは、これから研究していかなければもちろんわからないわけであります。

電子図書館と社会

　さて、もう時間がなくなりましたので最後になりますが、図書館というものが社会においてどういう位置付けになるだろうかということを、もう一度よく振り返ってみる必要があるかと思います。この点については、いろいろな位置付けができます。文化教養型の図書館、あるいは課題解決型の図書館。先般も夕方に、NHKで図書館の現状と問題点に関する30分か45分のテレビ番組があって、非常に教訓的で面白かったのですが、川崎市の課題

解決型の図書館が紹介されておりまして、そういうものがどんどん出てくる可能性もあります。各種専門図書館、あるいは大学図書館の重要性は言うまでもありませんが、日本の大学におきましては、図書館を学生に最大限度活用させるようなかたちでの授業を教師自身があまりしていません。つまり、先生自身が図書館の利用法というものを100％マスターしたうえで自分の教育研究に100％使っていないのです。だから、学生諸君に対して、図書館を利用しなければ大学では勉強が不可能だよというかたちの授業システムにはなっていません。これを何とかしなければいけないというわけで、京都大学では、図書館の司書の方々も大変協力してくださって、学生諸君にそういう考え方を植えつける活動をしているわけでありますが、まだまだ不十分であります。

　それから情報発信型の図書館や、あるいは日常生活における図書館とはいったいどういうものであってほしいか。こういうことについて、もっと住民の方々、一般社会の方々、主婦の方々からの意見を聞いて、公立図書館などは改善していけるのではないでしょうか。それが電子図書館の世界になった時に、どういうかたちでサービスするかということもあります。それから各地域、各図書館がどういう独自性を持つか。独自性を持つということは、コンテンツとして自分の図書館はこういうものを売り物にしているといいますか、こういうことを調べたい場合はこの図書館にアクセスしなければだめだというようなことです。そういったこともあるわけでして、図書館というものをこれからいろいろな観点から変えていく。それは、一つのものの見方ではなく、いろいろなものの見方で、それぞれの図書館を改善し、発展させていけるということではないかと思っております。

　私個人といたしましては、できれば新しいコンピュータ端末の上で、私個人の図書館というものを作ってみたい。つまり自分の興味のある本や資料をずっと並べて、その中を散策する。そして読みたいものを読む。関連しているものを見る。その時には、いわゆる図書館の分類法だけではなく、最初に申しましたような連想的な検索がいろいろできる。つまりファンタジーの世界を作り上げる。それは本だけではなく、音楽もあるし、画集もあるし、博物館でもあるしというような、そういう図書館・博物館・美術館といいますか、そういう楽しいものが電子的な世界で実現できると大変面白いと思っておりまして、これからそういう方向に自分自身でやってみたいと思っております。時間がちょっとオーバーしましたので、くだらない話でしたが、ここで終わらせていただきます。

報告者プレゼンテーション資料

理想の図書館

京都大学
長尾 真

図書館

学校図書館:大学図書館:専門図書館:公共図書館
従来型図書館:電子図書館
単一図書館:ネットワーク型図書館システム
図書館:情報館:インターネット

ネットワーク型電子図書館システム

世界中の電子図書館のネットワーク

汎用のアクセス手順の可能性

検索(retrieval)から案内(navigation)へ

キーワードによる検索、あいまい検索、同義語検索
KWIC索引
Citation Index
全文検索
各種のポータルサイトの充実
　目的別の情報の整理分類

案内(navigation)から対話(dialogue)検索へ

参考業務の自動化

ハイパーリンクによる連想的検索

提供情報

所在情報
SDI、抄録サービス
事実検索
　百科辞典

多言語問題

多言語文字の取扱い（ユニコード）（特に入力）
多言語変換辞書
多言語テキストの自動翻訳
他言語の電子図書館へのスムースなアクセス

機械翻訳

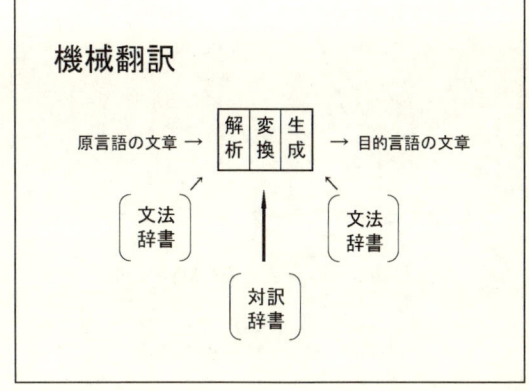

多言語間翻訳システム

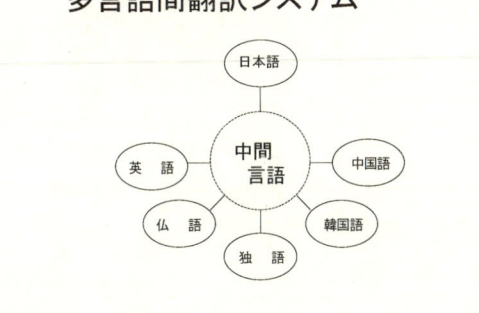

音声翻訳

音声による入力文 → 音声認識 → 機械翻訳 → 音声合成 → 音声による翻訳文の発話

電子ジャーナルの世界

学術雑誌はますます電子ジャーナルとなってゆく、Web of Science
会議録
特許情報その他のデータベース

関連情報へのリンク付け

Web of Science
　何を引用しているか
　何に引用されているか
　同じ文献を引用している他の文献は？
Web of Knowledge

13

Web of Knowledge
(Cross Search of heterogeneous DBs)
1. ISI 作成のデータ
   学術雑誌論文、会議録、化合物情報、特許情報、‥‥‥
2. 他機関作成のデータ

   BIOSIS Previws, CAB Abstracts, INSPEC, ‥‥‥
3. 外部データベースへのアクセス
   異種データベースの複合検索

14

マルチメディア電子図書館

テキスト
音声
音楽‥‥‥楽曲のオンライン販売と著作権処理
　　　　の商用システム
地図、図面絵画、写真
映像
マルチメディア電子ブック

15

Copyright Kyoto University Library

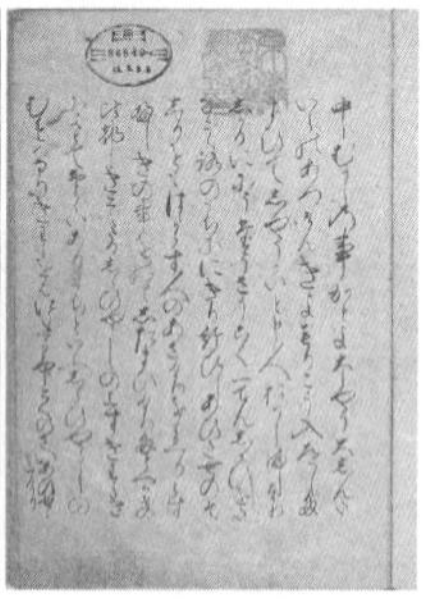

Modern Japanese Translation　　Original Text

16

Copyright Kyoto University Library

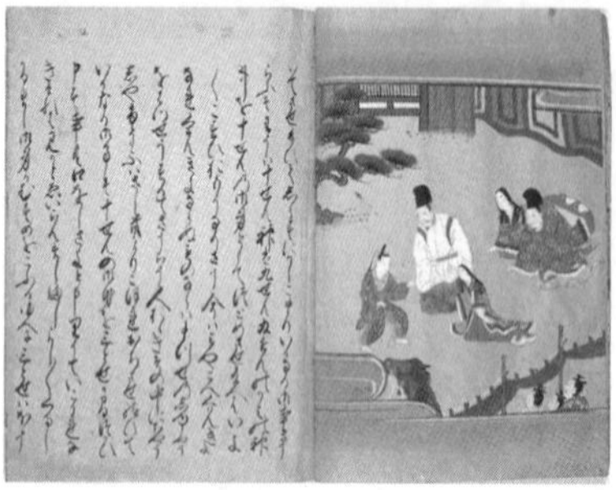

▶ [Previous Page]　　▶ [Next Page]

17

18

デジタルアーカイブとは何か

文化・学術・産業等、さまざまな「財」をデジタル技術で蓄積し、あらゆるひとが自由に利用できる環境を整えること。
その対象は、絵画や美術工芸品から伝統産業や芸術を支える技術まで多岐にわたる。
　　（いつでも、どこでも、だれでも鑑賞、利用）

デジタルの特性
- 安定性　変質しない、劣化しない（半永久的）
- 保存性　コンパクト収納が可能
- 伝達性　インターネットの利用など
- 加工性　切取、合成、改変、縮小、拡大が自由
- 検索性　瞬時の検索が可能

デジタル化による効果
秘蔵から公の目に、様々な活用に展開、本物志向へ

19

京都市美術館所蔵品
のデジタル化

20

二条城デジタルアーカイブ

二条城の利点
- ◆二条城は世界文化遺産である！
- ◆二の丸御殿は国宝である！
- ◆障壁画は重要文化財である！　全3,411面のうち954面
- ◆作者は狩野探幽ら狩野派の画家である！
- ◆超有名、かつ芸術性も最高である！
- ◆だが、著作権は作者の死後50年であり切れている！！
　　⇒インパクトがあるが、インタラプションがない
　　　　　★しかも全部が京都市の所有である
　　　　　　　著作権（所有権）の処理がいらない
　　　　　　　何かあっても、争いが起きない
　　　　　★利用者に文化財保護の意義を知ってもらえる
　　　　　　　購入者に社会的プライズを与えることができる
　　　　　　　文化財を国民の物として意識してもらえる
　　　　　★デジタルアーカイブの模範例にできる
　　　　　　　サクセスストーリーの演出
　　　　　　　ビジネスモデルの創出

21

超高精細デジタルカメラ（1億3000万画素）による二条城障壁画デジタル化

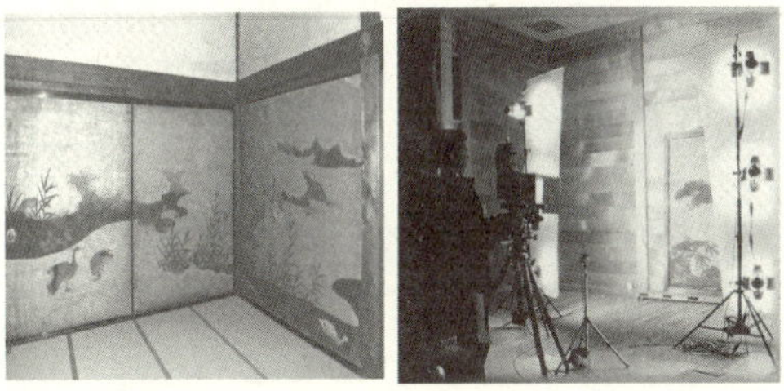

22

二条城障壁画デジタルデータの活用例

地下鉄
（ペイント列車）
衣服、布団
葉書、年賀状、
カレンダー
テーブルセンター
風呂敷、掛軸、
屏風
壁紙、カーテン
コースター
等

23

利用端末

軽い携帯読書端末器、無線、高速ディジタル回線、
B5～A4サイズ、高分解能、高コントラスト、
マルチメディアの表示機能
各種変換機能
　文字サイズ、字体、色変換
　言語翻訳
　自動朗読
各種サービス機能
　辞書引き、付箋やメモの記入
　強力な検索機能
　ハイパーリンク機能

24

情報のディジタル化

　図書カード・テキスト
　音声・音楽
　画像・映像
　ボランティアの協力体制

情報の体系化

　分類システム
　学問体系の反映
　関連情報のリンク付け
　個人的連想によるリンク付け

情報の加工（二次情報の作成）

　検索語等の自動付与
　自動抄録（要約）
　自動分類（多重）
　関連情報へのリンク

電子図書館相互利用のための技術

　共通のアクセス・モデル
　コンテンツに関するメタデータの体系の標準化
　認証・権利保護・プライバシー保護・課金等の
　管理技術

電子図書館とインターネット情報との違い

　情報の質、信頼性
　情報の有効期限
　図書館が扱うべき情報の範囲
　　3次元仮想空間映像など？
　図書館司書の選書についての調査能力、
　鑑識力の重要性

図書館と著作権

マルチメディア電子図書館の運営

- 電子図書館運営システム（発注・受入、支払、管理、‥‥）
- 書誌的情報付与作業
- DB管理システム
- 利用者管理、利用料金管理システム
- 出版社、他の電子図書館との連携
- システムセキュリティの確保

幾つかの問題

- 紙での情報と電子的情報
- 自動倉庫と化した図書館の書架
- 幾つもの本の欲しい部分のみを拾い読みできる図書館
- 図書館が扱う情報の単位は何か
  - 冊子単位、セット（冊子の組）単位
  - 論文集では各論文単位、‥‥

社会における図書館の位置づけ

- 文化・教養型図書館から課題解決型図書館
  （従来型図書館）　　（電子図書館？）
- 各種専門図書館の協調
- 学校（大学）の授業における図書館の活用
- 情報発信型図書館、情報メディアセンター化
- 生活における図書館・インターネットの利用
  （参考業務の強化、事実検索）
- 地域における図書館の位置づけ
  （収集資料に付加価値を付ける、文化センター？）

e-Japan 計画

1. 世界最高水準の高度情報通信ネットワークの形成
2. 電子政府の実現
3. 電子商取引等の促進
4. 人材育成の深化
5. 高度情報通信ネットワークの安全性及び信頼性の確保

e-Japan 計画とディジタルアーカイブ

1. 政府部内のディジタルアーカイブ化の促進
2. 地域におけるディジタルアーカイブ化の促進
3. 教育・学術・文化関連のディジタルアーカイブの整備・推進
   - 博物館・美術館などのディジタル化推進
   - 放送番組資産の教育などへのコンテンツ活用
   - 学術・研究関連アーカイブの整備
4. 教育・人材育成
   - 教育へのディジタルアーカイブの導入と活用
   - ディジタルアーキビスト、コンテンツクリエーターの育成
5. ディジタルアーカイブに関わるR＆D推進

大学図書館経営における電子図書館機能の基盤整備について

名古屋大学教授・附属図書館長　伊藤　義人

　名古屋大学の伊藤でございます。大学図書館経営における電子図書館機能の基盤整備についてお話しさせていただきます。先ほどの長尾先生の話と多少重なる部分がありますが、お許しください。私、パワーポイントでいつも講演するのですが、必ずこの写真を使っています。自分の写真を使うのは、実は大学にあるようなPCプロジェクターですと暗くしないと見れないものですから、暗くなっても私の顔が見えるように使っています。今日は明るくても見ることができるということで、さすが電子図書館ですね。非常に立派なPCプロジェクターが使われています。

　今日いただいた時間は30分ですが、全部で5点、駆け足でお話をしたいと思います。最初が大学図書館を取り巻く新しい時代の背景。これは枕詞みたいなものです。それから、二番目が電子図書館機能とハイブリッドライブラリー、三番目が電子ジャーナルの重要性、四番目が大学図書館の再設計、五番目が大学図書館および図書館職員に求められるものということで、図書館経営の今後のためにということです。

大学図書館を取り巻く新しい時代の背景

　まず最初に、大学図書館を取り巻く新しい時代の背景ということで、3枚スライドをお見せします。大学および大学図書館がおかれている背景ということで、この最初のページは図書館全体がおかれているといってもいいのですが、この10年ぐらいの間には想像もしなかったインターネットの爆発的普及があり、いわゆるデジタル情報をいかに有効利用するかということが問題になっています。図書館の歴史自体は数千年ありますし、印刷媒体になってからも500年ぐらいあるのですが、今の情報社会が歴史的な転換点になっているというのはどの図書館も同じだと思います。ということで、図書館機能の変革要求、長尾先生もお話しされましたけれども、機能自体が変革を要求されている、つまり、デジタル情報と紙媒体の情報の有機的結合ということです。大学図書館というものがすべて電子図書館機能で済むかというと、当分の間はそうはならないですし、永久にならないという人もいますが、従来の紙媒体の情報をうまく収集、整理して提供するということを、まだずっとやらざるを得ないわけでして、これを電子図書館機能と融合せざるを得ません。

　それから、大学の環境の劇的変化があると言われています。パラダイム転換という用語が使われますが、いわゆる20世紀型の社会から21世紀型の社会になる時に、価値観が非常に変わってきており、経済第一主義から例えば環境・人間中心になるということで、大学自体も、従来の枠組み、例えば工学部、理学部、文学部のような既存の20世紀型の分類だけではもうやっていけないとして、社会からパラダイム転換を求められており、例えば融合型の学問領域で人文社会系と自然科学の融合というかたちで、環境学研究科といったものができ始めています。当然のことながら、そういうものをサポートする大学図書館を作らなければならないのですが、従来型の図書館機能だけでは到底やっていけないというこ

とで、電子図書館機能が非常に大きな役割を果たすことになります。

　三番目は国立大学の改革です。もともと大学の改革、例えば法人格を取得するといった問題は前からありましたが、現実になったのは、いわゆる日本における行財政改革、つまり国にお金がなくなってしまって、国家公務員も減らさなければならないので、大学も法人格を取得して独立してやりなさいということになってきました。さらに定員削減や予算システムの変更で、国立大学は非常に厳しい環境になっています。図書館でいえば、図書館予算の減少が著しいことが一つの例です。これは私立大学図書館も公共図書館も同じだと言われていますが、国立大学の図書館は特に厳しい状況です。

　大学図書館の位置付けですが、国立大学の場合には、国立学校設置法の第6条に、学校を設置するときには必ず附属図書館を置くと書いてあります。つまり、学部や研究科や研究所を置く前に、大学を作ったら必ず附属図書館を置きなさいと書いてあるのですが、これがもう適用されず、あるいはこの法律がなくなってしまうのではないかと言われています。現在、国立大学法人法の法案ができつつあり、その中に書いてほしいと言っているのですが、どうも書かれそうにありません。今後はぜひとも省令で何とか書いてほしいと言っていきますが、どうやら法律で守られないような状況になるかもしれません。文部省令の大学設置基準の中に、図書等の資料及び図書館という規定があり、これ自体は国公私立大学全部一緒ですので、なくならないと思いますが、法律上、施設として本当に守られるかどうかということはよくわかりません。

　大学図書館を取り巻く厳しい状況の一つの例として、この図は世界一の雑誌社、エルゼビア・サイエンス社の雑誌の単価の変遷です。1990年から2000年までの10年間の変化ですが、1990年を100とすると、2000年で約300です。つまり3倍になっているのです。本来、こんなことに耐えられるわけがないのですが、無理やり努力して国公私立すべての大学図書館は、これに耐えています。非常に厳しい状況です。

　これが大学図書館における実体ということで、棒グラフが金額です。年数が1971年、これが1999年で、どんどん支払金額は伸びており、少し古いですが、トータルで300億円ぐらい払っています。問題なのは、この折れ線グラフで、とっているタイトル数です。こちらはバブル崩壊後激減しています。にもかかわらず払わなければならないお金はどんどん増えているという、とんでもない状況で大学図書館を運営せざるを得ません。

　これはあまり見せたくないのですが、名古屋大学の予算です。図書費だけで、運営費は入っていません。図書費ですが、この緑の棒グラフが文部科学省から直接名古屋大学の図書館に来るお金で、昭和57年から激減しています。当初8,000万円ぐらいあったものが、今は3,000万円を切る程度になっています。それだけでは到底足りませんので、紫は大学からいただいているお金で、微増程度です。このオレンジのラインが学生一人あたりの学習図書にいくら使えるかを表しています。昭和57年に7,000円ぐらい使えたのが、今はもう2,000円台しか使えないということです。学生1人、1年に1冊ぐらい買えなければだめだというのが我々の目標なのですが、2,000円ぐらいでは、和書といえども学術関係の本は買えません。もちろん、この間に学生数がトータルで2倍、大学院生は4倍になっていますので、その影響も大きいのですが、物価も上がっています。今は少しデフレですが、これまでの物価上昇を考えると、非常に厳しい予算の中で運営せざるを得ません。

電子図書館機能とハイブリッドライブラリー

では、図書館機能とハイブリッドライブラリーとはどういうものかということですが、先ほど他の講演者からお話がありましたように、いわゆる従来型図書館がもう限界にきているということです。つまり図書中心で、分類、排架をして、来館して閲覧させるというように、ものを収集して蓄積して閲覧させるということを、館内で全部行うというやり方にはもう限界があるということです。もちろんこれをやめていいのではなく、それを続けながら追加して、さらにデジタル情報等の情報の所在をきちんと確認して、リンクを整理し、ポータルとしてユーザーにきちんと使わせるという機能は求められています。そこで、電子図書館機能と従来型図書館機能の融合という、我々はハイブリッドライブラリーという名称で呼んでいますが、これを大学図書館は目指さざるを得ません。電子ジャーナルに代表されるデジタル情報を有効活用するということで、少しだけいいことがあります。毎年、大学図書館の職員は何百タイトルの雑誌を減らすことが仕事になってしまっているのですが、アメリカの大学図書館というのは10年以上前にそういうことをやったのですが、こういうかたちで電子ジャーナルをとるようになると、そのタイトル数の減少を補う、逆にもっと増やす方策として非常に有効だということがわかってきました。

言うまでもなく電子図書館機能は、いつでもどこでもネットワークを介して即座に電子化された情報を使うということですが、大学図書館の電子図書館機能を1期から4期までに分けると、第1期は1960年ぐらいから始まった目録の電子化です。いまだに国立大学は終わっていません。名古屋大学も50％強で、あと7年計画で全部終わる予定ですが、遡及入力という作業をいまだにやっています。1期がまだ終わりません。自分の持っているものも提示できないようでは、何が電子図書館機能かとよくアメリカから言われますが、全く言い訳ができません。それから、第2期は貴重書の電子化というかたちで京都大学などが積極的に取り組んでいますが、残念ながら利用者が非常に少数です。貴重書の電子化は重要ですが、学内で使う人はほとんどいません。第3期になって初めて、ここ数年、電子ジャーナルなど役に立つもので、多くの構成員が使えるものが電子図書館機能として出てきたわけです。もう少しすれば、あるいはもう始まっているかもしれませんが、第4期として、高度な学習、教育、研究のサポートもできるような電子図書館機能、単に紙媒体をデジタル媒体に変えただけではなく、新しい学問領域の創成支援や新しい研究手法を支援できるような電子図書館機能というものが、たぶんできてくるのだと思います。

電子図書館機能の問題点として、著作権と費用ということがあります。長尾先生は、著作権については難しいから何もお書きになりませんでしたが、私は若気のいたりで2つ書いてしまいました。しかし、著作権問題は非常に厳しいです。奈良先端科学技術大学院大学は非常に先行して取り組みました。あるいは国会図書館関西館も、全部うまくいっていないわけではありませんが、うまくいっていない大きな理由は著作権にあります。来年の通常国会で、今の著作権法が少し変わり、図書館ではILLのようなものがファックスやEメールでできるようになるだろうと言われています。それぐらいの変化はありますが、電子図書館機能を作る時の著作権に関するもっと大きな問題はまだ少しも解決されません。考え方としては、デジタル情報になると劣化しませんので、その著作権問題は非常に難しいということ、そしてこれは我々が勝手に言っているのですが、学術情報と文芸作品という違う性格のものを同じ著作権法で扱うということ自体が少し問題ではないかということで

す。我々は論文を書いてもそれでお金をとろうというのではなく、書いて、投稿料を払って、世界の一人でも多くの人に見てもらいたいと言っているのですが、文芸作品を書いている方は、当然のことながら対価のお金をもらわなければなりません。当たり前の話ですが、それを一緒に扱っているというのは、電子図書館機能を整備するうえで、特に学術情報を整備するうえで、非常に問題だと思います。

　二つ目は費用です。長尾先生も言われましたが、デジタル化には膨大なお金がかかります。また、多数が同時にアクセスしますが、その経費を誰が負担するのかということがあります。それから困難な新規導入の整備費用で、従来型機能も維持しながら、新しい機能も導入せよということですが、先ほどご説明したように、お金も職員もどんどん少なくなる一方でどうすればいいんだと、どの大学の図書館も頭を抱えているのが正直なところです。ただし、無理をしてやっています。

　電子図書館機能の整備方法として、簡単に説明すると、1館だけで整備可能なものも少数ですがあります。貴重書の電子化は、おそらく自分の図書館が持っているものを電子化しますので、これは1館だけで可能です。ところが大半のものは連携が必要です。例えば電子ジャーナルでも、一つの図書館だけでやっていたら到底高すぎて、出版社の言いなりになっていたら到底導入できませんから、図書館のコンソーシアム、ジョイントベンチャーと言ってもいいでしょうが、コンソーシアムを形成して買う必要があります。それから、先ほどの著作権問題は国レベルで取り組んでもらわないとどうしようもありません。さらに電子ジャーナルの大きな欠点なのですが、アクセス権を消失すると、従来なら読めたものが即座に読めなくなってしまいます。冊子体は書庫に入っていますからいつまでも読めますが、そのような状況が出てきたのでは教育研究は、到底やっていけません。例えば、ある出版社がつぶれて提供できなくなった時に過去にさかのぼって全部見ることができなくなるということでは、おちおち安心して使えませんので、そういうアーカイブズを形成しなければいけないのですが、これは世界レベルでやる必要があります。ただ日本について言えば、できればこういう最後の砦は国会図書館がやってくれると非常に助かるのですが、まだどうなるのかよくわかりません。それから最後に少しだけ触れますが、電子ブックはアメリカではずいぶん普及してきましたが、電子ジャーナルと同じように、相変わらず日本は本当に遅れていますので、どうしたらいいかよくわかりませんが、何とかしなければいけません。図書館自体の形態を大きく変える可能性があります。

電子ジャーナルの重要性

　次に、電子ジャーナルの重要性です。長尾先生も言われましたが、先ほど言いましたように、国立大学では平成12年9月に電子ジャーナル・タスクフォースというものを設置しました。これはエルゼビア・サイエンス社が円価格に関連して大きな値上げをした時に、いったいどうするのだということで社長に国立大学図書館長名で要望書を送ったところ、協議したいと言うので、国立大学図書館協議会を代表して協議する組織として作られました。エルゼビア・サイエンス社だけではなく、他の大手出版社全部とも交渉するということになり、先ほど出ましたWeb of ScienceやWeb of KnowledgeのISI社とも交渉を行いました。大きな目標としては3番目に書いてありますように、学術情報流通の変化に関して、当面必要な施策を全部考えましょうということですが、2年強で約80回協議しました。各

社の責任者、副社長クラスを外国から呼んできてスタートしたのですが、2年強で大手5社＋αと協議して、現在、4,000タイトル＋αのコンソーシアムが国立大学の図書館の中では実現しています。電子ジャーナルそのものではありませんがISIのWeb of Knowledgeもコンソーシアムを実現しています。

電子ジャーナルタスクフォースでは、先ほど言いました、この契約のテンプレートと呼んでいますが、契約形態だけをやったのではなく、共同プロジェクトと称して、先ほどのアーカイブズミラーをどうするかということも議論して、国立情報学研究所と国会図書館と協力して今後何とかしたいと考えています。エンドユーザーの利用調査も行い、電子ジャーナル利用の教育プログラムも図書館主導型のものを考えました。

もう皆さんよくご存知だと思いますが、電子ジャーナルのメリットは、利用者の立場から言えばまず速報性です。冊子体よりも早く見ることができます。検索機能もありますし、参考文献をクリックすると、元の論文がまた飛んでくるということも可能です。時間的・空間的な制約から開放されますので、自分の研究室から図書館に行かなくても見ることができます。それから複数の人が同時に利用できます。冊子体であれば、それを誰かが利用していれば見ることができません。図書館の立場からしますと、冊子体の場合は重複して同じタイトルを買っていますが、そういうことを削減できますし、場所もとりません。それからみんなが直接見ることができますので、ILL業務が軽減されるでしょう。ただし、一番のメリットは、従来の機能を補完するだけではなく、学内の人間が無制限に使用できるということで、卒論生、大学院生、若手教員が自由に使えます。自分のパソコンでプリントアウトすればいいのですから、コピー代もいりません。これが非常に大きなメリットです。高度利用、融合・複合領域、パラダイム転換後の21世紀型学問の支援という意味では、電子ジャーナルはまだ多少機能は足りませんが、今後大きな可能性を持っています。

電子ジャーナルはいったいどれぐらいあるのかというと、1991年にはまだ110誌ぐらいでした。本当に実験段階で、トライアルと称して大体は無料で見せていました。昨年は8,000誌ぐらいで、今Ulrichで見ると27,000ぐらいあると言っていますが、そのうちの15,000は102社で占めており、既に寡占化が非常に進んでいますが、急速に増えています。雑誌に関しては電子ジャーナル化しなければ、もう生き残れないのではないかと思います。このように電子ジャーナルが非常に発達してきましたので、先ほどのコンソーシアム契約で、学内では誰でも無料で見ることができます。図書館あるいは大学がお金を払っているからですが、学内構成員は自由に使える形態になってきています。

これは、先ほどの電子ジャーナル・タスクフォース等の活動や文部科学省からも少しだけお金が出るようになったことなどにより、2001年から2002年の有料分の増加タイトル数です。縦軸が大学の数です。国立大学は99あります。横軸が何タイトル増えたかを表しており、1年で3,000タイトル以上増やした大学もあります。国立大学の半分以上が1,000タイトル以上増やしているということで、昨年度は電子ジャーナル元年だという言い方をしています。

7大学の有料分だけの増加を見てみますと、名古屋大学は4,000タイトルぐらい増やしましたが、他の大学もこの程度増えているということで、平成15年度は電子ジャーナルを10,000タイトルとる大学が確実に出てきます。残念ながら我が大学ではありません。

これは名古屋大学の現在の電子ジャーナルの分野別タイトル数です。全分野で約6,000タ

イトル以上を実現していますが、実は名古屋大学は、洋雑誌を冊子体では約4,000タイトルしかとっていません。電子ジャーナルと重複する部分は2,000タイトル強ですから、実は電子ジャーナルのコンソーシアムで電子ジャーナルをとることによって、利用雑誌を4,000タイトル近く純増しました。この図は、分野別に人文・芸術から自然・工学までありますが、下の緑が冊子体も買っているタイトル数。黄色が非購読雑誌、つまり冊子体で買っていなくて、電子ジャーナルだけで見ることができるものです。非購読雑誌へのアクセスが少ないかというと、そうではなく、ものによっては逆に非購読雑誌が6割で、購読雑誌が4割の分野もありますし、全部を平均しても非購読雑誌が3割を切ることはありません。ということで、本当はほしかったのですがこれまでどんどんやめていたものを、電子ジャーナルをとることによってかろうじてリカバーし、何とか学術基盤を整備しているというのが現状です。

大学図書館の再設計

　次の話題として、大学図書館の再設計ということで、名古屋大学ではこういうことになるだろうと考えています。スマートユニバーシティというタイトルですが、最近、ユビキタス情報基盤を作らなければいけないということが言われています。ユビキタスという言葉は情報分野で非常によく使われるようになりましたが、日本語でいうと遍在と訳すのですが、偏るではなく遍く、つまりどこにでもあるという意味で、言い換えればどこでもコンピュータというユビキタス環境を作らなければならないということです。実際に計画していますのは、全学規模の無線LANで、どこででもパソコンから学内LANに入り、電子ジャーナルも読めるし、電子図書館機能も全部使えるような状況にしましょうというものです。今は教室など、情報コンセントのあるところに行く必要がありますが、それを学内ならどこでも、あるいは学外からも、下宿や自宅からでも何とかしようという話まで出ているのです。ついでに、スマートIDカードという、国会図書館は既に導入しておられるようですが、接触・非接触のICカードを使ってセキュリティも全部やろうという環境になっています。キャンパスインフォステーションを整備しようということで、こういう状況の中でいったい大学の図書館は今後どうするかということで、先ほどありましたように、ハイブリッドライブラリーを作らざるを得ないわけです。もちろん、情報の収集、蓄積、発信という従来の機能は変わりませんが、収集などでも、自分のところに全部集めるのではなく、リンクをきれいにはって、なおかつそれをうまく使えるように図書館がしていこうということですが、こういうハイブリッドライブラリーを目指さざるを得ない状況であるわけです。5年後に実現したいと書いてありますが、そんなに早くにはできないかもしれません。

　いろいろな図書館の機能がありますが、電子図書館機能と従来型機能を有機的に結びあわせて、名古屋大学の電子図書館システムにはこんなものを作ったらどうかという構想です。これは4年前に作ったものですが、まだ十分生きています。どういうものが理想かということについては大体書かれています。ただそれをどうやって実現するかという点については、人もお金もないということで、なかなか進みません。ピンクで書いてあるのが、名古屋大学メモリーですが、アメリカンメモリーというプロジェクトをまねて、すべてデジタル化して大学の情報をストアしようという構想もあります。

法人化後の学術基盤整備ですが、大学図書館は、最も重要な施設・組織の一つだと、ちょっと控えめに言っています。ただし、図書館の人間はこの「一つ」は付けずに最も重要な施設だと言っているのですが、この点については大学の見識が問われるでしょう。従来はいわゆる部局の集合でしたから、工学部や文学部がお金を出すということでしたが、法人化後は大学中心になりますので、大学が本当に整備するつもりがあるのかということが問われるわけです。例えば最近は、通常の公費、つまり文部科学省からくるお金よりも、外部からくるお金、つまり科学研究費や企業からもらうお金が非常に増えてきていますが、そういう資金については、大半の大学ではそこから電気代を払うことはできますが、図書館の資料費や経費は払えないような仕組みになっています。公費はどんどん減りますので、こういうお金から整備しなければいけないのですが、今後もなかなか厳しい状況が続くと予想されます。

大学図書館および図書館職員に求められるもの
　最後に、大学図書館はこれまで連携だけを叫んでいればよかったのですが、個性ある大学、あるいは大学同士を競争させなさいということで、図書館も競争しなければいけません。ただし、図書館の競争というものは相手を淘汰してやっつけるのではなく、自分が先を歩いていって、他がついてくるということを意味しているわけで、そのようなことをしなければいけないと思います。連携も大学の情報発信を核とするのですが、アメリカには研究中心大学の図書館の協議団体があります。日本でも、設置形態を越えて、私立・公立・国立の研究中心の大学が協議団体を作らないとやっていけないかもしれません。図書館は個性ある大学を支える必要がありますし、存置理由を常に問われます。「本当に図書館が必要なのですか」と、理系の人たちの中には、パソコンで全部見ることができるのだから、図書館自体はもういらないと言う人もいますが、必要だということをきちんと説明しなければいけません。
　二番目に公共図書館などとの棲み分けということで、生涯学習やNPOの支援という課題があるのですが、大学図書館も昔から市民を入れていますし、最近は市民にも直接本を貸さざるを得ない状況が出ています。貸さざるを得ないというのは変な言い方ですが、我々は、大学の構成員をまず大事にして、その後、余力があればと言っているのですが、全然余力がないのに、資金的なサポートなしにとにかく市民にも貸しなさいと言われています。仕方がないので始めている状況です。こういうことについては国会図書館への期待が大で、国会図書館が最後の砦ですので、ぜひとも頑張っていただきたいと思います。弱い大学図書館に、市民にも学生と同じようなサービスをしなさいということは決して言ってほしくありません。サービスはしますが、限定させてほしいということです。それから地域連携、社会貢献は確かに必要ですから、図書館の中でいろいろな勉強会やシンポジウム等をすべきですので、今一生懸命やっています。また、電子図書館機能で貴重書等のものは一般にも公開しています。
　このスライドのタイトルに大学図書館および職員に求められる例と書いてありますが、かなり網羅的です。最初の学内連携、地域連携、全国連携、国際連携、これは全部やらざるを得ません。ただ、ネットワークがありますので、そういうものを有効利用していくことができます。二番目は大学の情報発信機能確立への参画ということで、これは後で少し

だけ図をお見せします。それから三番目として、本当はこれが一番大事なのですが、文化情報資源の維持と発展ということがあります。図書館というのは要するに文化の拠点ですし、大学の心臓とも言いますが、本当に一番重要です。それから四番目に情報技術を活用した新しい知恵。これも後で少しだけ図をお見せします。

　これは大学からの情報発信の例です。今も大学はホームページを多く出していますが、たくさん情報があればいいということではなく、本当に必要な情報を必要な人がとれないと、情報を発信したことになりませんので、キャンパスポータルという機能を作って、その中心に大学図書館が座らなければいけません。つまり、大学で唯一共通にある組織としては、大学図書館しかないということです。また、情報を扱う専門集団でもありますので、ぜひともこういうことをしなければいけません。

　例えば、これが実際のネットワークですが、各大学がそれぞれに、図書館を通じて集中管理型で、メタデータ等で情報を収集して発信する。それからNII、他の学会、国際社会とも連携するというデータ発信の例です。実際に国公私立全体の枠を越えて、平成14年4月に、初めてコンソーシアム図書館連合が形だけは一応できました。ただし、まだ情報の共有だけです。

　我々研究者はジャーナルで論文の著者でもあり、読者でもあり、査読や編集も手伝っています。自分で書いて、投稿する時にお金を払って、また読む時も出版社にお金を払わされているということで、今のように値上げが続くとやっていくことができませんので、できれば無償供与のサークルを作りたいという図です。ここを何とか出版社を外して学会中心にして、サステーナブルなリンクをぜひとも作りたいと思っています。まだこれには10年、20年かかるかもしれません。

　それから、先ほど言いました電子ブックですが、最近、外国の動きが非常に活発です。日本は全く遅れていますが、日本の大学図書館の役割としてはここに貢献できるのではないでしょうか。例えば、教科書であれば、著者は学内にいる。利用者、つまり学生も学内にいる。サービスは大学図書館がやればいいということで、著作権の問題も全部クリアーできます。e-LearningやWebCTと連携してやってみてはどうでしょうか。既に一部の学位論文では実現しています。日本の出版社はこの分野で全然あてになりませんので、図書館の役割として、大学図書館がこのe-bookを大学の出版会と連携してできないかということが、現在与えられている課題だと思います。

　情報技術を活用した新しい知恵ということですが、先ほど言いました、どこでも持ち歩けるコンピュータ、身につけるコンピュータというものもありますが、新しい図書館機能とは何でしょうか。あるいは知的支援で、私はSFが好きなものですから、第二頭脳の携帯などというのがよく出てきますが、そんな図書館ができないかと思っています。研究開発機能を大幅に充実しないと大学図書館はやっていけなくなるのではないかと思います。

　これが最後ですが、大学図書館には大波がきます。歴史的転換点とパラダイム転換の大波がきます。図書館にとっては危機的ですが、変革のチャンスでもあります。大学図書館の再設計のたゆまぬ努力ということで、一度再設計するだけではなく、時代にあわせてずっと努力しないとやっていけないというのが、我々現場にいる者の感想です。

　最後のスライドは、名古屋大学が電子化した伊藤圭介のもので、ホームページから皆さんにもご覧いただけますので、ぜひともご覧下さい。

報告者プレゼンテーション資料

スライド1

大学図書館経営における電子図書館機能の基盤整備について
—図書館の再設計—

国会図書館関西館
開館記念シンポジウム
平成14年11月16日

名古屋大学附属図書館長
伊藤 義人

スライド2

今日の予定

1. 大学図書館を取り巻く新しい時代の背景
2. 電子図書館機能とハイブリッドライブラリー
3. 電子ジャーナルの重要性
4. 大学図書館の再設計
5. 大学図書館および図書館職員に求められるもの（図書館経営）

スライド3

今日の予定

1. <u>大学図書館を取り巻く新しい時代の背景</u>
2. 電子図書館機能とハイブリッドライブラリー
3. 電子ジャーナルの重要性
4. 大学図書館の再設計
5. 大学図書館および図書館職員に求められるもの（図書館経営）

スライド4

**新しい時代の背景
大学図書館の現状の環境** その1

情報化社会（図書館の歴史的転換点）

- 「インターネット爆発」以降の高度情報ネットワーク社会（媒体の均質性、ボーダーレス、自律的ネットワーク、コスト不明瞭などを特徴とする）
  → 図書館機能の変革要求
  デジタル情報と紙媒体情報の有機的結合活用
  電子図書館機能と従来型図書館機能の融合

スライド5

**新しい時代の背景
大学図書館の現状の環境** その2

大学の環境の劇的変化（パラダイム転換）
20世紀型社会から21世紀型社会
価値観：経済第1主義→環境・人間中心

例えば

融合型学問領域（人文社会系と自然科学の融合）

スライド6

**新しい時代の背景
大学図書館の現状の環境** その3

日本における行財政改革

- ■国立大学の法人格の取得（平成16年4月）
- ■定員削減（法人化後の自立的なもの含む）
- ■予算システムの変更（基盤校費, 競争的資金）
- ■図書館予算の減少
  私立大学図書館, 公共図書館も同様

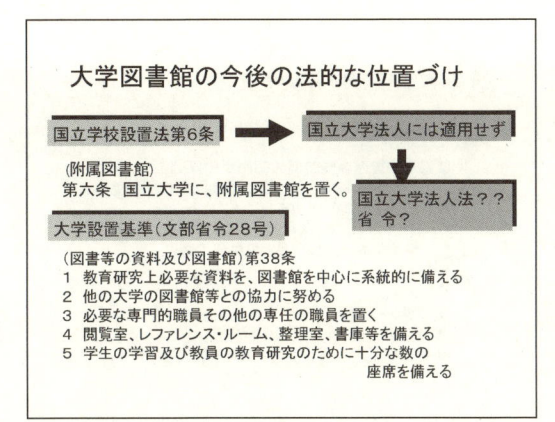

スライド7: 大学図書館の今後の法的な位置づけ

国立学校設置法第6条 → 国立大学法人には適用せず

(附属図書館)
第六条 国立大学に、附属図書館を置く。
↓
国立大学法人法??
省令?

大学設置基準（文部省令28号）
(図書等の資料及び図書館)第38条
1. 教育研究上必要な資料を、図書館を中心に系統的に備える
2. 他の大学の図書館等との協力に努める
3. 必要な専門的職員その他の専任の職員を置く
4. 閲覧室、レファレンス・ルーム、整理室、書庫等を備える
5. 学生の学習及び教員の教育研究のために十分な数の座席を備える

スライド8: エルゼビア社雑誌の平均単価と指数の推移（'90=100）

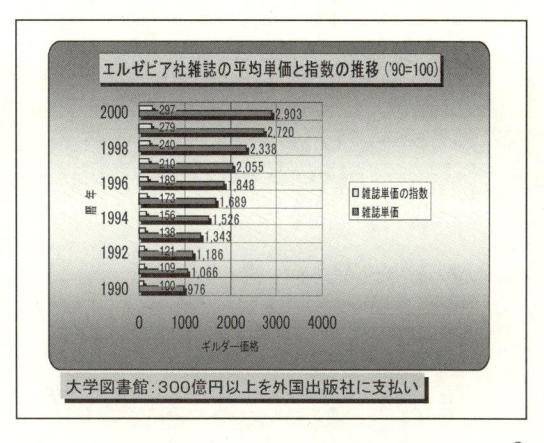

年	雑誌単価	雑誌単価の指数
2000	297	2,903
1999	279	2,720
1998	240	2,338
1997	210	2,055
1996	189	1,848
1995	173	1,689
1994	156	1,526
1993	138	1,343
1992	121	1,186
1991	109	1,066
1990	100	976

大学図書館：300億円以上を外国出版社に支払い

スライド9: 大学図書館における実態

外国雑誌購入費と受け入れタイトル

雑誌価格の高騰
円安の進行
大学予算の低迷？

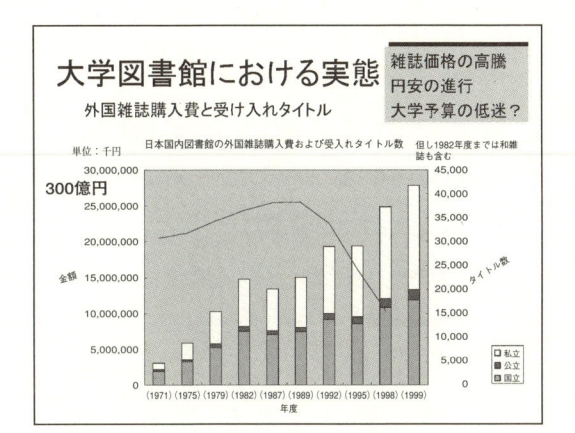

単位：千円
日本国内図書館の外国雑誌購入費および受入れタイトル数
但し1982年度までは和雑誌も含む
300億円

（国立・公立・私立）

スライド10: 名古屋大学附属図書館の図書費配分予算の推移

図書費配分予算の推移
（文部省配当(万円)、共通経費(万円)、学生1人あたり(円)）
昭和57 昭和61 平成3 平成4 平成5 平成6 平成7 平成8 平成9 平成10 平成11 平成12

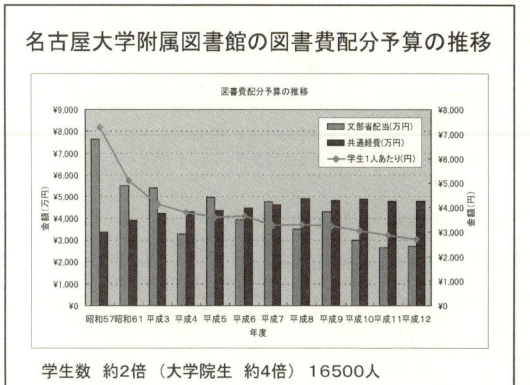

学生数 約2倍 （大学院生 約4倍） 16500人

スライド11: 今日の予定

1. 大学図書館を取り巻く新しい時代の背景
2. <u>電子図書館機能とハイブリッドライブラリー</u>
3. 電子ジャーナルの重要性
4. 大学図書館の再設計
5. 大学図書館および図書館職員に求められるもの（図書館経営）

スライド12: 従来型図書館の限界

- 従来型図書館
  - 図書中心
  - 分類、配架
  - 来館、閲覧

ものの収集、蓄積整理、閲覧利用
↓ 追加
情報の所在、リンク整理、ポータル

→ 電子図書館機能との融合
　ハイブリッドライブラリー
　電子ジャーナルに代表される
　デジタル情報の活用
　冊子体の減少を補う方策としても有効

- 29 -

電子図書館機能

電子図書館とは、必要な情報を
- いつでも（1日24時間）
- どこにいても（研究室、自宅）
- ネットワークを介して即座に（インターネットから）
- 電子化された情報として（マルチメディア情報）

第1期：目録の電子化など（遡及入力）
第2期：貴重書などの電子化 → 利用者少数
第3期：電子ジャーナルなど役に立つもの → 利用者多数
第4期：高度な学習、教育、研究のサポート？
　　　新しい学問領域の創成支援，新しい研究手法支援

13

電子図書館機能整備の問題点

著者権問題
- 電子図書館機能整備の問題点の原因
  奈良先端科学技術大学，国会図書館関西館
- 新しい著作権の在り方
  ネットワーク上のデジタル情報（劣化しない）
  学術情報と文芸作品との性格の違い

費用
- デジタル化経費
- 多数のアクセスの経費負担方法
- 困難な新規導入整備費用（従来機能も維持）

14

電子図書館機能整備の方法

整備手法
1. 一館だけで整備可能なもの
   例：貴重書の電子化
2. 連携が必要なもの（これが大半）
   例：電子ジャーナル導入（図書館コンソーシアム）
   　　著作権問題（国レベル）
   　　電子ジャーナルなどのアーカイブズ（世界レベル）
   　　国会図書館との連携？
3. まだ，よく分からないもの
   例：電子ブック

15

今日の予定

1. 大学図書館を取り巻く新しい時代の背景
2. 電子図書館機能とハイブリッドライブラリー
3. <u>電子ジャーナルの重要性</u>
4. 大学図書館の再設計
5. 大学図書館および図書館職員に求められるもの（図書館経営）

16

国立大学図書館協議会　電子ジャーナル・タスクフォース

平成12年9月設置

目的と趣旨
1. 国立大学図書館協議会を代表して、E社と柔軟かつ迅速に協議
2. E社以外の出版社の提供する電子ジャーナルについて協議
3. 電子ジャーナルの導入に伴う学術情報流通の変化に関する当面必要な施策の検討

↓

2年で80回以上の協議を東京で実施
大手5社＋αなどと協議
4000タイトル程度のコンソーシアム契約実現

17

電子ジャーナル・タスクフォースの提案

各社契約テンプレート具体案の作成

↓

電子ジャーナル共同プロジェクト

- アーカイブ、ミラーサイトの可能性（NIIと国会図書館）
- エンドユーザーの利用動向調査
- 教育プログラムテンプレートの策定（図書館主導型）

18

電子ジャーナルのメリット

- 利用者の立場から
  - 速報性、検索機能、リンク機能、時間的・空間的制約の解消、複数利用者の同時利用
- 図書館の立場から
  - 重複購入削減、雑誌管理業務(受入・製本等)の軽減、ILL業務の軽減、書架スペースの節約

学内利用場所を問わない、無制限
卒論生、大学院生, 若手教員が自由に使える
→高度利用、融合・複合領域支援
　(パラダイム転換後の21世紀型学問の支援)

電子ジャーナル発達略史

- 電子ジャーナルの急速な増加(1990年代)
  - 1991年：　　110誌　　実験段階
  - 1993年：　　240誌
  - 1995年：　　700誌
  - 1997年：　1,465誌　　実用化
  - 1999年：約　 ? 誌　　10,332 (Ulrich)
  - 2000年　　4000誌以上　14,757
  - 2001年　　8,000誌以上　20,935
  - 2002年　　? 急速に　　27,083　寡占化
  実験段階・実用段階から高度化(総合化)へ　102社
- 無料サービスから有料サービスへ　　15,627誌
- フリーアクセスから正式な利用契約へ
  サイトライセンス、コンソーシアム

国立大学の電子ジャーナル増加タイトル数(有料分)

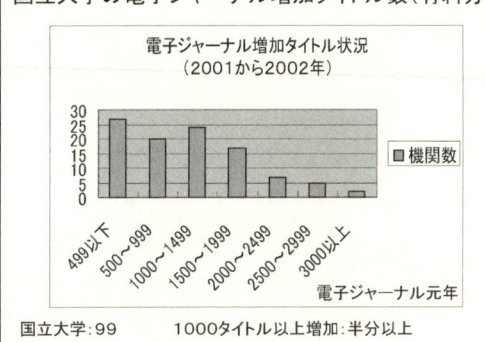

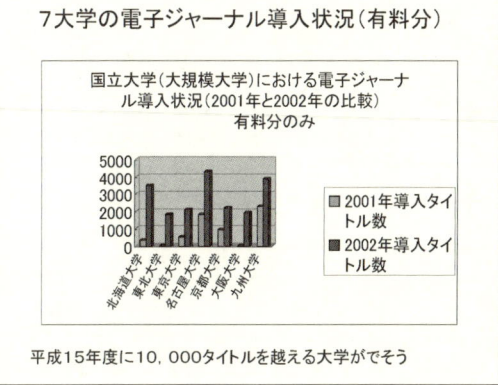

電子ジャーナル増加タイトル状況
(2001から2002年)

電子ジャーナル元年

国立大学：99　　1000タイトル以上増加：半分以上

7大学の電子ジャーナル導入状況(有料分)

国立大学(大規模大学)における電子ジャーナル導入状況(2001年と2002年の比較)
有料分のみ

平成15年度に10,000タイトルを越える大学がでそう

名古屋大学の分野別利用タイトル数

6000タイトル以上を実現　　　平成14年度

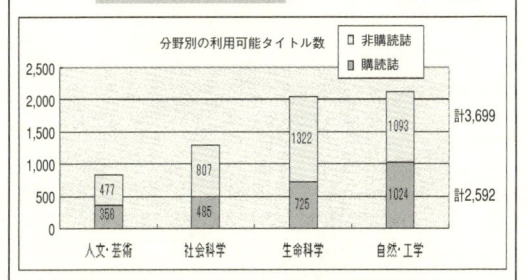

分野別の利用可能タイトル数
■非購読誌
■購読誌

人文・芸術　社会科学　生命科学　自然・工学

計3,699
計2,592

人文社会, 理系, 医学生物系に広く分布. 非購読半分以上.

今日の予定

1. 大学図書館を取り巻く新しい時代の背景
2. 電子図書館機能とハイブリッドライブラリー
3. 電子ジャーナルの重要性
4. <u>大学図書館の再設計</u>
5. 大学図書館および図書館職員に求められるもの(図書館経営)

スライド25: スマートユニバーシティ ユビキタス情報基盤

ユビキタスネットワーク基盤
- 全学規模の無線LAN導入によりどこでも情報提供・収集が可能
- VoIPにより電話も移動利用可能

スマートIDカード
- 学生証・職員証の無線タグ付IC カード化
- 各校舎の入退出管理との連動
- メディアセンター・図書館でのセキュリティ向上
- 出席確認の自動化
- 学外からの学内情報システムの利用

ユビキタス情報基盤

キャンパスインフォステーション
- プラズマディスプレイやタッチパネルによる情報提示・入力・取得端末の設置
- IDカードとの連携により個人化可能
- Web技術を利用した容易な情報追加
- 携帯端末等との連携(表示画面の取得等)

スライド26: 名古屋大学ハイブリッドライブラリー

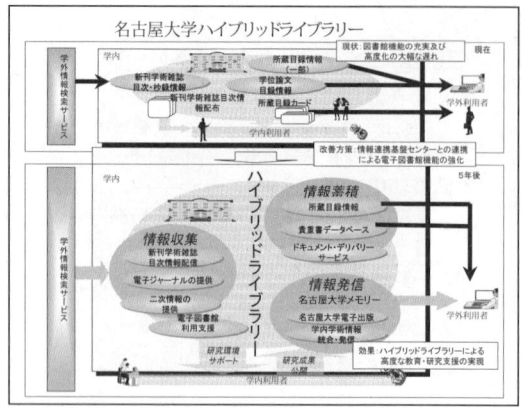

現状：図書館機能の充実及び高度化の大幅な遅れ

学外情報検索サービス
- 新刊学術雑誌目次・珍錄情報
- 新刊学術雑誌目次・抄録情報配布
- 所蔵目録情報(一部)
- 学位論文目録情報
- 所蔵目録カード

改善方策：情報連携基盤センターとの連携による電子図書館機能の強化

5年後

ハイブリッドライブラリー

情報収集
- 新刊学術雑誌目次情報配信
- 電子ジャーナルの提供
- 二次情報の提供
- 電子図書館利用支援
- 研究環境サポート
- 研究成果発信

情報蓄積
- 所蔵目録情報
- 貴重書データベース
- ドキュメント・デリバリーサービス

情報発信
- 名古屋大学メモリー
- 名古屋大学出版
- 学内学術情報統合発信

効果：ハイブリッドライブラリーによる高度な教育・研究支援の実現

スライド27: 名古屋大学電子図書館システム (全体像)

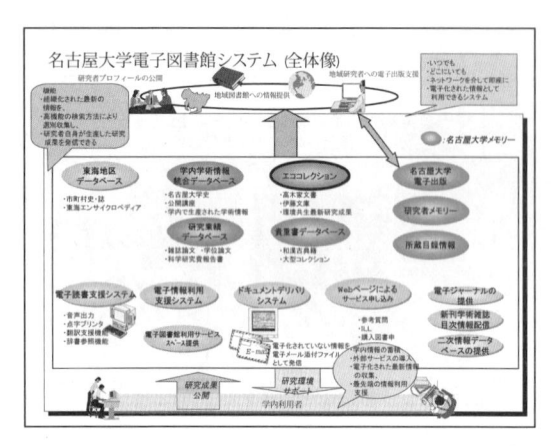

スライド28: 法人化後の学術基盤整備

大学図書館：最も重要な施設・組織の1つ

大学の見識が問われる
部局の集合から大学中心へ

例：外部資金からの資金導入
電気代が払えて
図書館資料費・経費が払えない?
→今後も厳しい状況が続く

スライド29: 今日の予定

1. 大学図書館を取り巻く新しい時代の背景
2. 電子図書館機能とハイブリッドライブラリー
3. 電子ジャーナルの重要性
4. 大学図書館の再設計
5. <u>大学図書館および図書館職員に求められるもの(図書館経営)</u>

スライド30: 大学図書館

1. 連携と競争
   - 連携：大学の情報発信の核として JARL的(研究中心大学)な協議団体も?
   - 競争：個性ある大学を支える図書館
   - 評価：存置理由を常に問われる
     時代に合致した自立的変革能力
     他者評価(説明責任)

2. 公共図書館などとの棲み分け
   生涯学習、NPO支援
   国会図書館への期待大：最後の砦

3. 地域連携(社会貢献)
   地域の中核拠点

31

大学図書館および職員に求められるもの（例）

1. 学内連携・地域連携・全国連携・国際連携
   情報関連部局との連携
   ネットワークの利用
2. 大学の情報発信機能確立への参画
   デジタル研究情報基盤WG報告（文科省）
3. 文化情報資源の維持と発展
   4. 情報技術を活用した新しい知恵
   研究開発機能
→ 館長, 部課長, 職員が一丸となって
  企画立案力をつける：新しい資質

32

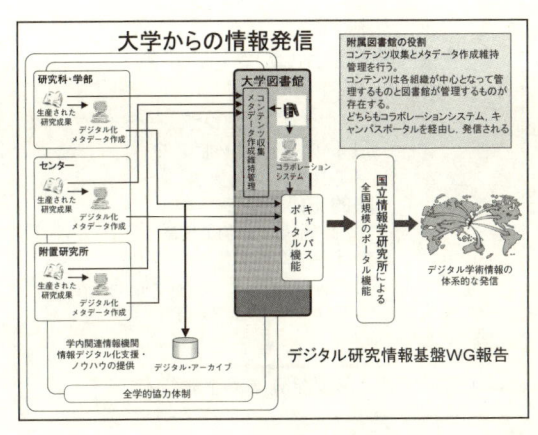

大学からの情報発信

附属図書館の役割
コンテンツ収集とメタデータ作成維持管理を行う。
コンテンツは各組織が中心となって管理するものと図書館が管理するものが存在する。
どちらもコラボレーションシステム、キャンパスポータルを経由し、発信される

デジタル研究情報基盤WG報告

33

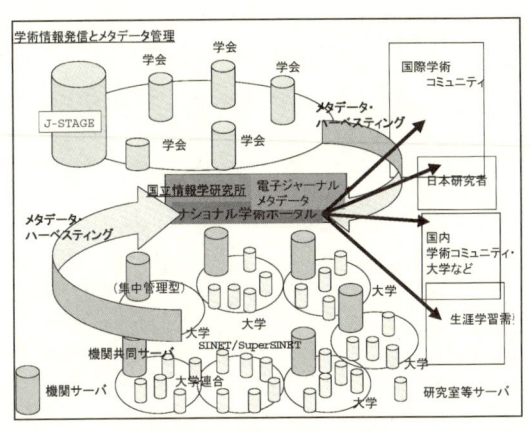

学術情報発信とメタデータ管理

34

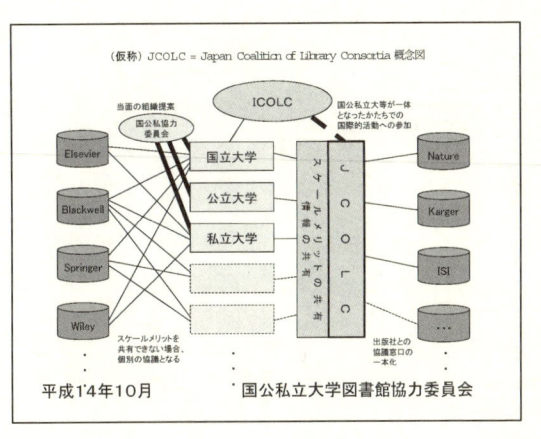

(仮称) JCOLC = Japan Coalition of Library Consortia 概念図

平成14年10月　　国公私立大学図書館協力委員会

35

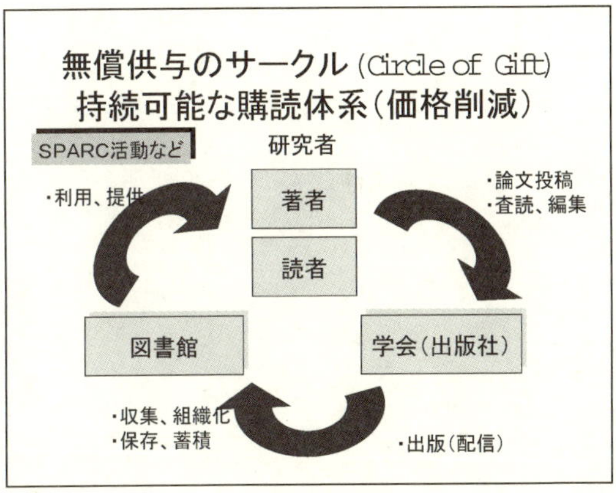

無償供与のサークル (Circle of Gift)
持続可能な購読体系（価格削減）

SPARC活動など　研究者
・利用、提供　　著者　　　・論文投稿
　　　　　　　　読者　　　・査読、編集
図書館　　　　　学会（出版社）
・収集、組織化
・保存、蓄積　　　　　・出版（配信）

36

電子ブック (e-Book, Online Book)

最近の外国の動き
netLibrary, Safari Books, XanEdu, Jones e-global library, Ebrary
10億ドル市場：またしても日本は遅れを？
　　　　　料金徴収、著作権など問題も多い

日本の大学図書館の役割の可能性
教科書（著者, 利用者, サービス：学内, 大学間連携）
　WebCT, e-Learningとの連携

電子学位論文
　既に試行はされているが成功していない

情報技術を活用した新しい知恵

モバイル環境
ユビキタス・ウェラブルコンピューティング
→ 新しい図書館サービス？
「どこでも図書館」利用
知的支援機能？
SF的：第2頭脳の携帯
21世紀型図書館？
グローバル化 しかし，ローカルの集合
（誰かが集中してやってくれる訳でない）
↓
研究開発機能の充実

大学図書館

大波が予想される

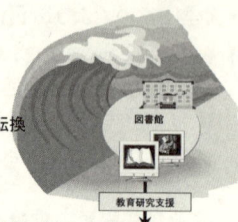

歴史的転換点とパラダイム転換
・独立法人格の取得
・さらなるIT技術の導入
とコンテンツの多様化

教育研究支援

図書館にとっては危機的状況（変革チャンス）
・迅速な情報共有，意志決定システム
・受動的から主動的な活動へ
図書館が支える学術基盤

たゆまぬ大学図書館の再設計の努力

おわり

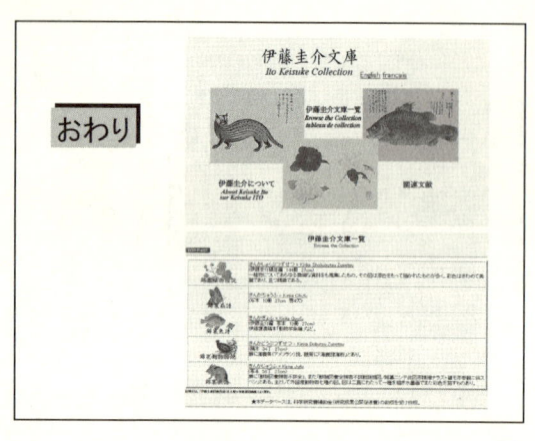

伊藤圭介文庫
Ito Keisuke Collection

利用者にとっての図書館

作家・翻訳家　辻　由美

情報とは何か

　こんにちは。ちょっとすみません。水を飲ませていただきます。がらりと変わった話になってちょっと申し訳ありませんが、「情報とは何か」と私が質問されたら、きっとこう答えると思います。「自分が探していない時にはいくらでもあって、自分が探している時にはない。それが情報というものだ。実際こんなにたくさんの資料があるのに、どうして自分が探し求める情報だけがないのだろう」。これは図書館で調べ物をする人の多くが日常的に感じていることではないかと思います。電子情報化時代というのは、確かにたくさんの情報が流通する時代ですが、情報というものの感じ方、つまりとらえ方というよりも感じ方について、おそらく図書館員と図書館利用者の間にはかなりの相違があるのではないかと思います。というのは、利用者にとっては、利用者と一口に言っても千差万別でひとくくりにすることはできませんが、少なくとも図書館を調べ物の主要な手段として使っている利用者の多くにとって、問題は相変らず情報の少なさ、情報のなさです。情報がないといっても、本当にない場合もあるし、あってもなかなか到達できない場合もあります。第一、そのどちらであるかを知るということはとても難しいのです。

　お話を少し具体的にするために、ここで一つ実例を挙げさせていただきます。明治の初めに士官学校の教師として来日した、あるフランス青年について調べていた時のことです。この青年は明治9年2月7日に横浜港に着いたのですが、彼が乗ってきた船がいったいどれぐらいの大きさの船だったのか、何トンあったのか知りたいと思いました。というのは、航海中にこの青年はよく船酔いをしているのです。ちょっと海が荒れただけですぐに酔ってしまって、食べたものを全部もどしてしまいました。そこで、これは相当小さな船だったに違いないと想像したのです。船の名はマンザレ号。これはいったい何トンの船だろう。実に単純な疑問ですが、いざ調べようとすると、なかなか難しいのです。船についての情報は山ほどありますが、こんな単純な疑問に対する答えがなかなか見つかりません。でも、結局それは見つかりました。その当時、横浜の外国人居留地に住んでいたイギリス人たちが発行していたThe Japan Gazetteという英字新聞に載っていたのです。この英字新聞には、毎日横浜港にやってくる外国船の名前、トン数、その船で降り立った人の名前が記されていて、そこにマンザレ号の名前もあり、1,008トンの船であることがわかりました。想像したとおり、本当に小さな船でした。ですが、これが見つかったのは本当に偶然です。というのは、このフランス青年がやってきた当時の日本の世相がどんなものかを少し覗いてみたいと思って、その当時発行されていた日本語の新聞や外国語の新聞をいろいろ調べていたら、何だ、こんなところに書いてあるじゃないか、というわけで見つかったのです。調べ物にはよくあるケースで、何かを探している時には見つからずに、別のものを探しているとそれが見つかってしまうのです。これは調べ物をされる方はどなたでも体験していることではないかと思います。ここで一つ理解していただきたいのは、調べ物が生ずるの

は、多くの場合、それまで自分の関心の外にあった分野、自分の守備範囲を越える分野においてです。ここが調べ物というものの難しさです。こういう例を一つ想定してみてください。癌の研究者が癌に関する著作を翻訳するとします。この研究者は自分の専門分野で翻訳するのですから、調べ物はあまりないだろうと思われるかもしれません。ところがそうはいかないのです。1冊の本というのは、たとえ科学書であっても、そこには歴史も出てくれば、文化や芸術も出てくれば、その国の社会機構、行政のあり方、住民の生活のあり方など、ありとあらゆることが出てきます。だから必ず調べ物は出てくるのです。ものを書く場合もそれと全く同じで、たとえ自分の非常に慣れ親しんだ分野で仕事をしていても、それを超える領域が必ずあります。だから調べ物というのはどうしても出てくるのです。つまり調べ物はいついかなる場合も出てくるものなのです。それで、私としては調べ物という観点から、今の図書館の問題を若干指摘してみたいと思います。

コンピュータ化により、図書館利用はどんな点において変化したか？

　先ほどからのお話にあるように、図書館の電子化は、まだほんの端緒についたばかりだということはよく理解できましたが、数年前と比べると、現段階で既に図書館利用のあり方は非常に大きく変わっています。とても便利になった点もあります。私個人にとって一番ありがたいのは、自宅に居ながら直接海外の図書館にアクセスできることです。なかでも、海外の図書館にメールで質問できるのは本当に助かります。日本でも最近は、メールで質問を受ける図書館が増えてきました。メールによるレファレンス・サービスの便利さを一番実感したのは、昨年の末に、先ほどちょっとあげた、明治の士官学校で教師をしていたフランス青年についての本を1冊書き終えようとしていた時のことです。まだいくつか調べ物が残っていて、国会図書館に行く計画をたてていたところ、ひどい風邪にかかって行けなくなってしまいました。その調べ物の一つは、例えば明治の人名の読み方です。今はもう読み方はわかっていますが、神保長致という数学者の名前です。ナガノリのナガは長いの長、ノリというのは何々致しますの致という字で、これはオサヨシとも読めるし、ナガヨシとも読めるし、とにかくいろいろな読み方が可能です。例のフランス青年がフランス語で書いた数学のテキストを日本語に翻訳したのが、この神保長致という数学者です。当時は結構名前の知れていた人らしく、明治の人名辞典に彼の名前は載っているし、それから小倉金之助という人の書いた数学史の本にも、この神保長致という名前は載っているのです。それだけたくさんの資料に神保長致の名前は載っているのに、どこにもルビが振られていません。つまりどう読んでいいのかわからないのです。自分の読めない、自分の発音できない文字を自分の本に書くというのは、あまり気分のよいものではないのです。それだけではなく、ほかにもいくつか調べ物があったので、国会図書館に行こうと思っていた矢先に風邪で動けなくなりました。締切りは迫っているし、どうしたらいいかなと思った時に、そうだ、メールがあったんだと思い出しまして、メールで都立中央図書館に質問を出したところ、これはナガノリと読むのだと教えてくれました。メールで質問した時は、ちゃんと典拠した資料を書いてくれるので信用できますし、その他の質問も全部メールで解決してしまったのです。この時にメールはありがたいと思いました。電話によるレファレンスというのはずっと前からありますが、電話の場合は開館の時間帯にあわせなくてはいけませんから、体のきつい時にそういう時間帯にあわせるというのはとてもしんど

いことなのです。だから、メールの方がはるかに便利です。特に、体の不自由な人や病気の人には、このメールレファレンスはありがたいサービスだとその時ばかりはつくづく思いました。翻訳するような場合、かつては原書の巻末にある参考文献の1冊1冊について、それまでに日本語訳が出ているかどうかをチェックするのは大変な仕事でした。日本語訳が出ている場合は、その日本語訳のタイトル、出版社名、翻訳者名を追加しておかなければならないからです。翻訳書の書誌というものもありますが、実際問題として、かなり抜け落ちがあります。かつて私はそれをチェックするのに、国会図書館や都立中央図書館のカード目録を調べていました。今はそうした作業は自宅に居ながらパソコンでできますから、はるかに手間が省けます。

どんな点において、あまり変化していないか？

　そのようにすごく便利になった点がある一方、実はあまり変わっていない点もあります。これからどんどん電子化が進めば、どう変わるかわかりませんが、今、私が申し上げているのは現段階での話です。というのは、コンピュータによる検索が便利な点は、著者の名前が既にわかっている場合、あるいはタイトルまたはタイトルの一部がわかっている場合、さもなくば自分にとってその分野が非常に馴染み深い場合、そういう場合は確かにコンピュータによる検索はとても便利なのです。ところが先ほど申しましたように、調べ物が生ずるのは、自分の守備範囲をはるかに超えたところです。つまり自分に全然馴染みのない分野なので、何をどう調べていいかわからない場合なのです。そんな時に今でもやはり頼りになるのが開架の書架です。

　開架の書架にはいろいろな本が並んでいます。それが一度に視野に入ってきます。つまり書架の方が利用者に対してメッセージを発してくれているわけです。調べ物というのは、書架が発するメッセージに助けられる場合が多いのです。日本の国会図書館は基本的に閉架式の図書館ですが、フランス国立図書館の場合は、完全開架のフロアと完全閉架のフロアの二つがあります。私はほとんど毎年フランスに行きますが、そのたびにフランス国立図書館を使わせてもらっています。開架のフロアと閉架のフロアでは何から何まで違っています。閉架のフロアでは、もちろん資料はいちいち請求して書庫から出してもらわなければいけません。コピーも係の人がやってくれるので、すごく値段が高いです。これに対して、開架のフロアの方は100％の開架ですから、どんな本でも自由に取り出せて、コピーもセルフサービスなので、閉架のフロアの半額以下です。というのは、閉架のフロアでは、コピーは1ページずつしかやってくれません。見開きではやってくれないのです。開架の方はどんな規則があるのかわかりませんが、セルフサービスですから、誰もが見開きでコピーをとっています。だから、比較にならないほど開架のフロアの方がコピーの値段が安いのです。同じ図書館内でこんなにコピーの値段が違うというのは面白いと思いました。それくらい違っているのです。一応、閉架のフロアは研究者用で、開架のフロアは一般用ということになっています。しかし、実際問題として、一般用と言われる開架のフロアも研究者にとって意外にばかにならないのです。というのは、いろいろな全集もの、書簡集、ありとあらゆる基本文献、つまりいわゆるレファレンスブックというものとは違うありとあらゆる種類の基本文献は、全部開架の書架にも揃っているわけです。そうしたものはもちろん閉架の書庫にもありますから、フランス国立図書館はそうしたものに関して

は複数持っているわけです。私はこのフランス国立図書館が利用者のために行っている検索の講習会に参加したことがありますが、講習の主な内容は、コンピュータによる検索の仕方でした。その時に担当の司書の方がこう言ってくれたのです。「開架のフロアは一般向けだから、研究者にはあまり役に立たないと簡単に決めつけてはいけない。開架のフロアも結構ばかにならないものがありますよ。特にコンピュータで検索してどうしてもうまくヒットしない場合は、一度開架のフロアの方に行ってみることを勧めます。開架のフロアの方はある分野のものはざっと見渡すことができますから、もしかしたらそこに何か手掛かりになるものが見つかるかもしれない。その手掛かりをもとにして、またコンピュータで検索するというのも一つの方法ですよ」。

　実際に、その司書さんがおっしゃったのと同じ経験をしました。今年の春、このフランス国立図書館で、18世紀随一の女性科学者と言われたシャトレ侯爵夫人について調べていました。このシャトレ侯爵夫人という人は大変な学者ですが、同時にとても恋多き女性で、そのうえ、大のギャンブル好きだったのです。彼女がギャンブルを始めたらもう止まりません。有り金を全部叩いてしまうぐらいならまだいいのですが、それだけではすまなくて、そのために多額の借金をして後で金策に駆けずり回らなくてはいけないほどのギャンブル狂だったのです。彼女を夢中にしていたギャンブルは、カバニョルという名前のゲームでした。このカバニョルが18世紀にフランスの宮廷や貴族の間で大流行していたことは、いろいろな人の手記や歴史書にも書いてあるのでわかるのですが、そのカバニョルがいったいどんなゲームだったのか、そのカバニョルというゲーム自体についてはどこにも説明がないのです。だからどんなゲームかわからない。それを知りたいと思って資料案内のカウンターに行って訊いたところ、司書さんがいろいろな方法で検索を試みてくれたのですが、どうもうまくヒットしません。それで、その司書さんがこう言ってくれたのです。「開架のフロアに行ってください。何番から何番までの番号がついているところはゲームに関する資料ですから、そこを一通り見てください。もしかしたらカバニョルについての解説があるかもしれません。それでも見つからない場合はまたこちらに戻ってきてください。別の方法で検索してみますから」。そのアドバイスどおりに開架のフロアに行ってみたところ、比較的簡単にカバニョルについて解説してあるものが見つかってしまったのです。それはいろいろなゲームのルールが説明してある本で、その中にカバニョルについての解説もあったのです。

　日本の国会図書館、東京館のことですが、日本の国会図書館でも、アジア資料室、新聞閲覧室、正確な名前は忘れましたが、科学技術資料室などいくつか専門資料室があって、そういうところには開架の部分が結構あるのです。これは調べ物にはとても便利です。特に私にとっては、国会図書館にあるアジア資料室の開架の書架はすごく調べ物の役に立ったのです。先ほど聞いたところ、今度、このアジア資料室の資料が全部こちらへ運び込まれたということで、実は少しがっかりしてしまいました。そのようなわけで、図書館の電子化が進んでいる今、あえて私としては開架の書架のメリットをここで強調したいと思います。

図書館に望むこと

　もう一つ指摘したい点は、日本の図書館では、これは図書館だけではなく、ジャーナリズムや一般世論もそうですが、いまだに図書館かインターネットかというように、その両者を二律背反的にとらえる傾向がとても強いように思うのです。例えば、ある図書館関係の雑誌は、図書館で調べ物をするのと、インターネットで調べ物をするのとではどちらが強いかという連載記事を載せています。電子媒体か紙媒体かというとらえ方ならわかるのですが、図書館かインターネットかという問題の立て方そのものから、そろそろ卒業してもいいのではないかと思います。実際に先ほどからお話がありましたように、図書館がいろいろな資料を電子化してネット上に載せている時代ですから、図書館の資料とネット上の資料の間に明確な境界線をひくことが既にできなくなっているのではないかと思います。

　私はパリの公共情報図書館にも時々メールで質問しますが、この図書館の場合はネット上の案内もしてくれます。例えば、フランスにおける年齢層ごとの進学率について質問した時がそうでした。「あなたの求める統計資料は、次のサイトにありますよ」というふうに記されていて、そこにURLが書いてありました。そこをクリックすると、直接その統計資料のあるページに飛べるようになっていたのです。日本でも、既にネット上の情報についての案内をしている図書館もあると聞いています。インターネットに今でもつきまとっていて、しかもかなり普及している一番大きな誤解の一つは、ある情報がネット上にあるということと、誰でも簡単にアクセスできるということが混同されている点だと思います。ネット上にある情報は、簡単なキーワードだけですぐにアクセスできるものばかりではなく、かなりの検索技術を必要とするものも少なくありません。例えばEUの文章を一つ取り出すにしても、そこには協定もあれば決議もあれば条約もあって、結構苦労するものなのです。流通する情報が多くなれば多くなるほど、それだけそれに到達する検索技術も難しくなります。ですから、大量の情報が流通する時代というのは、有能な情報の案内人を必要とする時代、つまり有能な司書を必要とする時代だと思うのです。日本の場合は、皆さん既にいろいろな方が指摘されてご存知だと思いますが、まだ司書制度がちゃんと確立していないという大きな問題はありますが、そうはいっても検索に関するノウハウや技能を図書館ほど蓄積している公共機関はほかにないわけですから、ネット上の案内もやはり図書館の役割であるということを、日本の図書館全体のコンセンサスにしてほしいと思います。

　最後にもう一つ問題提起したいのですが、それは国立国会図書館の資料収集のあり方についてです。実は私はある時、あるフランス語の資料を国会図書館に置いてもらおうと思って、収集課に持っていって拒否されたことがあります。それは、先ほどから挙げている、士官学校の教師をしていたフランス青年が日本滞在中に書いた手紙と日記です。印刷されて製本されたものですが、原文のままです。実はその手紙と日記は、書かれてから120年という歳月を経た1990年代になって、そのお孫さんの手によって発見されました。その時そのお孫さんはもう80歳を超えていたのですが、びっしりつまった非常に読みにくい字を丹念に解読し、コンピュータに打ち込み、製本し、フランス人の日本研究者や日本人で興味のある人に無料で提供したわけです。私もそれをいただいたのですが、ぜひこれを国会図書館にも置いてほしいと思って、収集課に持っていったところ、そういう私家版は受け

取っていないという理由で拒否されたのです。その時は、このようなお雇外国人の手記みたいなものは、もしかしたら有り余るほどあって、一杯一杯なのかなとも思ったのですが、実はそうではなく、私が持ち込もうとした資料というのは、本当は非常に貴重なものであることを後になって知りました。というのは、それを持って行った時は、それについて本を書こうという気は全くなかったのですが、その後にそのお孫さんにあたる人に勧められて、そのテーマで本を書くことになったからです。それで明治の士官学校の教師をしていたフランス人について資料を調べました。国会図書館にも、外交関係の資料館にも、防衛庁の資料室にも行ってみました。その時に初めて知って驚いたのは、保存されている資料の少なさです。もっとたくさんのものが保存されているだろうと思ったら、あまりにも保存されている資料が少ないことに本当にびっくりしました。それだけではありません。実はそのフランス青年の名前はクレットマンというのですが、クレットマンの著作が2冊国会図書館に保存されていたのです。1冊は数学のテキスト、もう1冊は科学のテキストで、両方とも彼がフランス語で書いた本を日本語に翻訳したものです。ちゃんと翻訳者の名前も書いてあります。さらにもう一つあるのですが、先ほどもちょっと挙げた小倉金之助という人の書いた数学史の本に、このフランス青年の書いた数学書が明治前期の代表的な数学書の1冊として挙げられているのです。明治前期という時代は、まだ西洋数学に関して日本人独自の著作というものはほとんどありませんから、ほとんど翻訳ものなのです。おそらく私が収集課にそれを持って行った時、もちろん私自身もそんなことは知りませんでしたが、応対した職員もたぶんそんなことは知らなかったと思うのです。だから、拒否するにしても、こんなに分厚い本でしかもフランス語で書いてあるから、内容をすぐに検討するというのは難しいかもしれませんが、少なくともその人の著作を国会図書館が所蔵しているかどうかぐらいのチェックはできたはずだし、すべきだと思うのです。日本で教えていた人ですから、日本のどこかにその人の著作なり、功績なりが残っている可能性は当然あるわけです。だからそれぐらいのことは考えついてしかるべきだったと思うのです。ですが、そんなことは全くなく、ただこういう私家本みたいなものは受け入れていないという理由だけで拒否されてしまいました。日本の図書館はもう少し原資料の保存ということを大切にしてほしいです。もちろんこの場合は、手書きのものを印刷なさって、製本の形にしたものですから、厳密な意味での原資料ではありませんが、少なくとも原資料と変わらないぐらいの価値を持つものだと思います。そんなわけで、資料収集の基準やあり方について再検討していただくよう、国立国会図書館にお願いいたします。以上です。

|編集事務局注|

　当館の資料収集方針によれば、原則的に出版物が収集の対象となります。このケースの場合、ワープロ原稿のコピーを小部数だけ製本し配布したものだということなので、出版物には該当せず、受理することは困難かと思われます。
　また、当該資料が原資料である場合は、その内容によりますが、憲政資料として受け入れる可能性はあります。

電子図書館の衝撃

和光大学教授・『本とコンピュータ』総合編集長　津野　海太郎

はじめに

　「電子図書館の衝撃」なんて、いい加減なタイトルをつけてしまいました。レジュメを書かされたのがずいぶん昔だったものですから、かなりいい加減なレジュメです。このとおり話せるかどうかわからないと書きましたが、確実にこのとおりには話せません。終わりの方で何とかそちらの方に持っていきたいと考えています。

　僕は比較的最近、図書館について発言する機会が多いので、図書館について長い間考え続けてきた人間だと思われる方がいらっしゃるかもしれませんが、そのようなことは全くありません。比較的最近、この5～6年の間にようやく図書館についてまともに考えることができるようになりました。そういう手掛かりが少しずつかめてきたというぐらいで、それまでは辻さんのように本当にしっかりした図書館ユーザーでもなく、ごくごく当たり前に地域の図書館を利用しているという程度の人間でした。国会図書館も大学時代にアルバイトで数回利用したことがあるという程度でした。その時はまだ時代が時代で、40年近く前ですから、何となく重苦しい雰囲気でした。館の方々の態度もどちらかと言えば官僚的で、重苦しい。雰囲気も暗いし、資料もなかなか出てこない。ということで、相当心に傷を受けまして、そのまま国立図書館には近づかないようにして生きてきたわけです。70年代から80年代にかけて、地域の図書館が次第に充実してくるまでの間というのは、日本人にとっての図書館イメージはだいたいそのようなものだったのではないかと思います。重苦しく、館員の人も何となくよそよそしくて近づきにくく、利用しにくいという感じが強かったと思います。僕もそういう感じを近年までずっと引きずっていました。地域の図書館を利用しながらも、図書館にはなんとなくそういう感じを持っていました。それが非常に大きく変わったきっかけはインターネットでした。

「アメリカの記憶」

　僕が初めてインターネットをウェブで利用するようになったのは、1996年のちょうど今頃の季節だったと思います。ですから、ちょうど6年前です。まだウェブ利用が始まったばかりで、ネットスケープ・ナビゲータというウェブブラウザソフトが出てきたあたりです。その頃、ボイジャー・ジャパンという出版社に遊びにいきました。ボイジャー・ジャパンというのは、ご存知の方も多いと思いますが、エキスパンドブックやT-Timeという、コンピュータの画面上で本を読むためのソフトウェアや、電子本を作るためのソフトウェアを作っている、非常に優れたマルチメディアの出版社ですが、その時に、「津野さん、インターネットのウェブというのを見てみろよ」と言われて、初めて見せてもらったのです。それまで見たことがなかったのです。僕だけでなく、ボイジャーの人たちも、その頃やっと自分たちで見るようになったのでしょう。もちろん非常にショックを受け、すぐに自分のコンピュータを接続しまして、それから数日は徹夜のようにしてサーフィンしまし

た。

　その時、たまたまアメリカ議会図書館のサイトにぶつかりました。意図して見ようとしたのではなく、いろいろリンクをたどっているうちにたまたまそこにたどりついたという感じでしたが、それを見て非常に強いショックを受けました。ショックの内容というのは、僕が今まで持っていた図書館のイメージとは全然違う何かがそこにあったということです。一つは言うまでもなく、「アメリカの記憶」というページでした。ご存知のように、それはアメリカ議会図書館が持っている1億近い歴史資料のうち、500万タイトルを20世紀中に全部電子化して、オンラインで一般の人が利用できるようにしようというプロジェクトでした。1994年に本格的に始まり、その時はすでに2年ぐらいたった頃でしたが、もうかなりできあがっていました。それを見て非常にびっくりしたのです。手書きの資料、写真、ムービー、古いレコード、古いポスター、何から何までテーマ別にどんどんデジタル化されて、それが誰にも利用しやすいファイル形式でインターネットで公開されていました。それと同時に、アメリカの記憶というかたちで、多民族国家であるアメリカの人々が、自分たちが何ゆえにここに集まっているのかという歴史の記憶をさかのぼってたどってみるという仕組みになっているわけです。ですから、ユダヤ人関係の資料もあれば、黒人関係の資料もあれば、ネイティブ・アメリカン関係の資料もあれば、アジア系アメリカ人関係の資料もある。WASPのアメリカだけではない、多様なアメリカというものの記憶がどんどん集められていたわけです。その規模とセンスの良さに僕はびっくりしたわけです。もうこんなことができるのかという気持ちを持ちました。

　その時、議会図書館サイトの確か巻頭ページだったと思いますが、ジェームズ・ビリントンという当時の議会図書館館長のアメリカに対するアピールの文章が署名入りで載っていました。それほど長い文章ではありませんでしたが、二つのことを言っていたと思います。一つは、アメリカ議会図書館とは何なのかという定義。こういうふうに書いていました。「アメリカ議会図書館というものは、アメリカンピープルが、自分たちの代表として選出した議員を通じて作り上げた世界最大の知識データベースである」。アメリカ議会図書館というのは、日本の国会図書館と同じように、立法府のための調査システムという機能を持っています。しかしそれと同時に、アメリカの中央図書館でもあるわけです。二つの機能をあわせもった図書館です。そうなると当然、僕は素人であまりよく知りませんが、二つの機能がうまく支えあう部分もあればあわない部分もある。一方のサービスを強めれば他方のサービスが手抜きになるということもあるかもしれません。おそらくビリントン館長の定義というのは、そのあたりの矛盾を「アメリカンピープルがその代表として選出した議員を通じて作り上げた世界最大の知識データベース」というかたちで、極めてうまく乗り越えていたという気がします。それと同時に、後段では、なぜ議会図書館が電子化するのかという理由が簡単に述べてありました。議会図書館が物理的に存在する建物であり続ける限り、アメリカンピープルがそれを使いこなすにはいろいろな制限がある。もちろん1か所しかないわけですから、全国民が日常的にアクセスすることはできません。しかも、図書館が保有する貴重な写真や本、手書きのデータなどをうかつに公開してしまえば、汚れたり破損したりする恐れもあります。そうした障害があって、今までは自由に利用できなかったコンテンツが電子化によって、それをインターネットという方法で広げることによって、初めてアメリカンピープル全体が利用できるものにすることができた。つ

まり電子化によってアメリカ議会図書館の真の目標を、初めて実現することができたということがそこで述べられていたわけです。僕はそのことに非常に感動しました。なるほど、国立の中央図書館とはそういうものだったのかと初めて知ったわけです。

国立国会図書館の電子化計画

　そして当然の成行きとして、次は日本の国会図書館のサイトを探してみました。今のように検索エンジンが発達しているわけではありませんから、ああでもない、こうでもないとやりながら、やっとたどりついたわけです。6年前のことです。その頃の国会図書館のウェブサイトはすごかったですよ。開館日や閉館日や利用資格などを記したビラが1枚載っているだけという感じでした。6年前は。それであっけにとられたんです。大劇場や中劇場や小劇場があるような巨大な国立劇場に行くつもりだったのに、どこかの村の公民館みたいなところに連れ込まれたような感じがして、あっけにとられた。その落差の中で図書館とは何だろうと考え始めたのがきっかけだったと思います。そんな経験もあって、これまで僕は国会図書館の電子化計画についてずいぶん批判的なことを書いたりしゃべったりしてきました。それなのに思いがけずここに呼んでいただいたわけで、国会図書館の方々の寛容な気持ちに心からの敬意を表します。

　しかし、それから6年間で国会図書館は大きく変わったと思います。国会図書館の方たちは口が堅くてなかなかもらしていただけなかったのですが、去年ぐらいからだんだん中味が見えてきて、今年の秋、ついに私たちの前に非常に大掛かりな電子化計画がその全容を現したわけです。ほう、ここまでやるのかと、お世辞でなく、驚きました。いろいろありますが、なかでもやはり、NDL-OPACという書籍と雑誌の検索システムはすばらしいと思います。もう一つ、近代デジタルライブラリーという、明治期の資料を画像データとしてインターネットで利用できるようにしたプロジェクト。おそらくあれがアメリカ議会図書館におけるアメリカンメモリーに対応する試みなのではないかと思います。

　10月の初めに公開されたわけですが、ちょうどその時期に、僕は坪内逍遥という人の伝記を書き終えていまして、それは『滑稽な巨人』というタイトルで、まもなく平凡社から出版される予定ですが、そのゲラがちょうど出始めた時期でした。そこで、オープンしたばかりの近代デジタルライブラリーに入ってみて、坪内逍遥で検索をかけたら、明治期に書いた坪内逍遥の著作が30点ぐらいずらっと出てきました。僕の知らない逍遥のものもいろいろある。例えば彼は、東京専門学校（後の早稲田大学）に、日本で初めて文学科を創設した人物ですが、当時の彼の英文学史や文学概論の講義録が画像データとして公開されていたのです。しまった、もっと前にこれを知っていればと思いました。僕は辻さんみたいに徹底的に調べて本を書く人間ではありませんので、そういう見こぼしが山のようにあったのですが、そのことが一挙に露呈してしまいました。もちろん今の段階では、既に国会図書館で作り上げたマイクロフィルムのモノクロ画像をデジタル・データ化したものですから、見にくいし、見た目もあまりきれいではありません。ですが、初めの段階というのは大体どこでもそうです。フランスでもどこでも、今まであるものを再利用していく方法が普通だと思います。そんなことより、たといくばくかの不備があるにせよ、ともかく大掛かりな公開に踏み切ったことの意味の方がはるかに大きいと思います。いずれは、カラー化されるとか、中間トーンもきちんと出るようになるとか、テキストデータを張り

付けて全文検索もできるようになるとか、いろいろな方法で改善されていくにちがいありません。そのような希望を抱かせながら、ひとまず明治期の印刷物、私たちの古い記憶の痕跡みたいなものを、誰でも利用できるようなかたちで公開したということは非常に意義が大きいと考えています。

電子図書館時代における図書館の出版機能
　このことはまた、国会図書館が出版に踏み切ったということでもあると思うのです。自分たちのところにあるものをコピーして、そのコピーをみんなが利用できるかたちにする。それは明らかにある種の電子出版なのです。外部の出版社が作った本を収集し、保存し、それをみんなに利用してもらうという従来のかたちだけではなく、自分のところにある資料を自分が発信元になって外に送り出していくという出版行為に国会図書館が踏み切ったのだと思います。
　このことは、出版界で生きてきた私のような人間にとっては非常に大きな問題です。一番大きいのは、これがすべて無料だということです。例えば、筑摩書房は『明治文学全集』という100巻近い大掛かりな全集を社運をかけて企画し、長い時間をかけて完結させました。すばらしい仕事ですが、ただし、これは高いです。読むためには高いお金を出さなくてはいけません。ですが、そのものではなくても、その原型を画像の方法で公開した近代デジタルライブラリーは「ただ」です。あらゆるものがそこで「ただ」になってしまったのです。近代デジタルライブラリーだけではなく、NDL-OPACという、昭和23年以降に納本された本の全カタログもそうです。雑誌記事索引なども来年1月にはオンラインで使えるようになるらしい。昔はCD-ROMの形で出ていましたが、すごく高かったので、やむなく僕たちは、大学図書館や地域の図書館に行って利用させてもらっていました。ですが、この秋からそれが全部「ただ」で公開されてしまいました。なにせ僕たちは、すべてのものが商品で、値段がついている社会に生きていますから、突然そのような「ただ」のものに出てこられると、自分の中の不随意筋がびくっと動いたような変なショックを受けてしまう。こんな異様なことがあっていいのだろうかというぐらいのショックを受けてしまうわけです。そのような衝撃が、今度の国会図書館の大掛かりな変貌の中には含まれていると思います。

商品としての本と公共財としての本
　私は出版人、編集者としてたくさんの本を作ってきましたし、あるいは自分自身が書いた本も何冊か出していますが、それらの本が世の中に現れる時は必ず商品として現れるわけです。私たちは商品としての本を書いたり、商品としての本を編集して出版したりしています。その対価としてお金を払っていただく。それによって、私や私の家族、著者や著者の家族は生活することができるわけです。しかし、ただそれだけかというと、そうではありません。本を作る人間の中には、やはり自分の仕事が世の中にとって必要だろうし、ある時期に自分がこういう仕事をしたという事実がずっと残っていてほしい、それがすべての人々のある種の文化的な記憶の一部分を形成するような方法で持続してほしいという気持ちがあります。私たちが本を作る時、書く時も編集する時もそうですが、ともかくも商品として作ります。その対価によって生活をしていくというのが第一の目的ですが、同

時にその第一の目的には、自分たちはある種の公共的な文化財を作っているのだという意識が張り付いています。

　図書館というのは、本来、本の内の公共財としての部分を扱ってくれる施設です。本は、取次店や書店などの流通システムを通じて世の中に広まっていきますから、商品としての価値はそこで満たされるわけですが、図書館というところはそういう場所ではありません。そこに眠っている公共財としての本の価値のようなものを活かしてくれる場所として図書館があるのです。だからこそ、図書館は「ただ」でなければならない。長尾さんがおっしゃいましたように、貧しい人、子供たち、年をとった人たちのために本を「ただ」にしなければいけないということもありますが、それだけではなく、本そのものの中に潜む「ただ」の部分があるわけです。パブリック・ドメインといいますか、そういう部分が商品としての本の底に眠っていて、それを今の段階で掘り起こすことができる仕組みは図書館しかないということだと思うのです。近代デジタルライブラリーのインターネット公開は、僕たちの気持ちの中にそうした図書館の原点みたいなものをよみがえらせてくれた。本というものは、明治時代に出されたものであろうと、大正時代に出されたものであろうと、時間がたつことによって商品的な価値は低減していきますが、それに反比例して文化資産的な価値が上がってくるのです。普通の商品、例えば食品でしたら時間がたつにつれて商品としての価値が薄れ、同時に本体の価値も薄れてしまいます。パソコンや冷蔵庫でしたら、時間がたてば粗大ゴミになったり廃棄物になったりしてしまいます。商品価値と同時に機能や本質そのものもだめになってしまいます。しかし本はそうではありません。たしかに商品としての価値は薄れますが、同時に私たちの歴史的な記憶をとどめるための痕跡、手掛かりとしての価値はどんどん上がっていくわけです。図書館というところはそういうものに関わる組織だ、したがってそれは当然「ただ」である、本なら本という商品の底に潜む「ただ」という尊い価値を保持させ続ける場所が図書館なんだという、図書館の本質みたいなものを呼び覚ましてくれたという気がするわけです。

　アメリカ議会図書館の場合もそうです。先ほど言ったボイジャー・ジャパンという会社が、1年半ぐらい前、愛知万博のためにCD-ROMの作品を作りました。万博の歴史のようなものを扱った作品を作ったわけです。そのときアメリカで開かれた万博の資料が必要になった。それでアメリカ議会図書館に行き、必要な映画フィルムを探し当てて、利用させてほしいと申し入れました。もちろんビジネスのつもりで行ったわけです。そうしたらアメリカ議会図書館が言うには、「それはアメリカンメモリーで公開している資料ですからただです。断る必要もありません」。交渉に行った人間は非常に驚いて帰ってきました。ビジネスと「ただ」との間の裂け目みたいなものの中に落ちてしまって、そのショックを引きずりながら日本に帰ってきた。そういう裂け目を作り出す力が図書館にはあると私は思っています。

商品化とパブリック・ドメイン

　当然、著作権の問題にからんでくると思いますが、長尾先生も先ほど長い目でとおっしゃいましたが、僕もある程度長い目で見ない限りだめだと思います。近代というものの根幹に関わる大きな問題ですから、一度や二度の議論で片が付くものではないと思います。技術的処理や議論を多少やったところで、解決できる問題ではありません。人びとの知的

活動の原動力をどうするかとか、それぞれの人の生活など、あらゆる問題がからんでいるところですから、そう簡単に決着がつくわけがない。ただ長い目で見れば、それは確実に変わってくるでしょう。つまり、すべてが商品化されてしまう世の中では、著作権問題は今のままどんどん過激な方向で対立が激しくなっていくだけだと思いますが、そこに近代デジタルライブラリーが示しているような方向がそこに少しずつでも合流してくれば、社会には商品化だけでは計れない価値があるのだ、市場以外にも知的なものが流動する場があるのだという意識ができてきて、それにつれて、人びとの意識も徐々に変わってくるだろうと思います。それがいつ、どのようなものになるのかということは誰にも言えない。ただ、少なくとも著作権の切れたものに関して言えば、いくらでもできるわけです。近代デジタルライブラリーの場合もそうですが、そういう領域からまず手をつけて、その部分で実験し、豊富化し、さまざまな使い方を工夫していく。そういう経験が積み重なっていくうちに、そのようなものの中に新しいもの、著作権が消滅していないものをどういう方法でうまく組み込んでいくか。その手立てをゆっくり考えるしかないという気がしております。

図書館が本来持っていた出版機能

　そこでレジュメに戻ってくるわけですが、先ほど言いましたように、僕は図書館の機能の中に一種の出版行為というものは入ってこざるを得ないと思います。それは必ずしも電子化によって初めて行われたというわけではなく、図書館の機能の中には、やはり自分の収蔵物のコピーをとって、それを配布していくということも必然的に含まれてきたんだろうと思います。つまり、保存するために何らかのコピーをつくるという単純なところから始まって、例えば地方の図書館でその土地にかかわる江戸時代の人の著作をパンフレットにして出すとかそういう作業は、当然のこととして行われてきたんじゃないでしょうか。ですから、もともと図書館というところは、ただ収集し保存していくという機能だけではなく、出版する機能を持っていたのだと思います。

　森銑三という有名な在野の近世文化史家がいます。この人はずっと図書館の世界で生きてきて、図書館運営にかかわると同時に、徹底的な利用者としてたくさんの仕事をしてきた人です。もうずいぶん前に亡くなりましたが、しばらく前、その人の『書物』という本が岩波文庫に入った。その本によれば、彼は明治期以降の出版界の商業主義に対して、すごい反発心を持ち続けていたらしいんですね。そこで彼は、それに対してどういう方法で対抗したらいいかと二つの案を出した。一つは私家版というかたちです。自分の作品あるいは自分が必要とするものを、自分で本にしていく。そういうことは江戸時代の知識人たちはみんなやっていた。出版社に全部委ねてしまって自分は何もしないというのはまずい。もう一つは、地方の図書館が自分で出版をやるべきだということでした。紙の資料はいつ焼けてしまうかわかりませんから、謄写版（ガリ版）でもいいからコピーを作って、それを配布するなり売るなりしておいたほうがいい。そう森銑三が、戦前の昭和16年に出た本で書いています。その後、森銑三の集めた貴重な本は、そこから作った書き抜きやカードもろとも戦争で全部焼けてしまったわけです。だからなおさら、本というものがいかにはかないもので、たくさんコピーをとっておかなければならない、できる限り多くの場所にばらまいておかなければならないという彼の提言が記憶に残るわけです。

ですから、電子化によって図書館が初めて出版機能を持ったということでは必ずしもなく、もともと図書館にはそういう機能があるのです。その伝統を引き継ぎながら、それをより強く拡大していく方法で、図書館の電子化がどんどん進められていくことが望ましいのではないか。先ほど言いましたが、アメリカ議会図書館館長のビリントンは、電子化とは、もともと議会図書館が持っていたけれど、なかなかうまく果たせなかった機能を可能にするものだというふうに、図書館の伝統との連続性の中で電子化をとらえている。連続してさらに飛躍的に向上させるための仕掛けとして電子化を考えるわけですが、それと同じようなことがこの場合は言えると思います。

　先ほど辻さんがおっしゃった、図書館とインターネットを単純に対立させて対比的に考えるのはばかばかしいというお話ともつながりますが、やはり本からコンピュータへ、それから図書館からインターネットへという一種の電子化のプロセスというものを、切断の契機だけで、古いものを断ち切って新しいものを立ち上げるというふうにとらえるのではなく、できる限り連続性の中で変えていく手立てを考えたい。そのための場所として図書館が面白いのではないかという気がするわけです。

出版社の図書館化

　これは図書館が出版に近づいてゆく場合ですが、一方で、出版社の方も図書館の方にだんだん近づいていくんですね。電子ジャーナルの話も先ほどありましたが、日本でも去年あたりから複数の文庫出版社が合同で絶版文庫のテキストをオンラインで販売するということが始まっています。それと同じような方法で、アメリカやヨーロッパでも電子テキストの販売が始まっています。しかも、いわゆるオンライン書店風のけばけばしい売り方ではなく、味もそっけもないアルファベット順、あいうえお順で資料がずらっと並んでいる図書館風の外見、インターフェースデザインを備えた電子書店が増えてきました。そのようなやり方で、個人や図書館や大学や地域の図書館に基本的なテキストを売る。この先、何らかの出版主体がオンラインでテキストを売るということになりますと、たぶんそういうやり方のほうに近づいていかざるをえないんじゃないか。図書館が出版社化し、出版社が図書館化して、その両者の試みがクロスしながら、お互いの経験を取り合いつついくのではないかという予測をたてているわけです。

国立国会図書館の新サービス計画

国立国会図書館関西館資料部長　村上　正志

　関西館資料部長の村上です。本日は「国立国会図書館の新サービス計画」という題でお話しいたしますが、お手元にレジュメがいっていると思います。平成14年10月から国立国会図書館は、インターネット時代において、図書館に対する時代の要請等を踏まえて、非常に大きなサービスの変革を行いました。それぞれのテーマごとに説明しながら、その経緯と、今後どういう方向に行くか、どのような計画があるかについて話をしたいと思います。

　初めにサービスの基本。それから二番目には図書館資料の広がりです。今までの論者の方もいろいろと指摘されていましたが、図書館資料がどのように変わってきたか、それにどう対応したかという話です。三番目がOPACの発展。四番目が文献提供サービス。その次が資料の電子化と提供です。来館者へのサービスについて、国立国会図書館は利用しにくいという批判が以前からありますので、少しずつではありますが、改善を続けています。関西館が少し先取りして改善したことをご紹介します。その次に、今後の課題となる、多様な情報源の活用、レファレンス・サービスにおける電子化の動向についてご紹介します。最後に、図書館ネットワーク。時間があれば、こういったサービスの改革を行いました基本となります新システムの開発、組織・機構の再編等について触れたいと思います。

サービスの基本

　初めに、サービスの基本ということですが、我々のサービスの理想、目標とは、来館利用だけではなく、インターネットを活用して、誰でも、いつでも、どこからでも当館の所蔵資料、当館の持つ様々な書誌情報、その他のレファレンス情報へのアクセスを可能とする、つまり利用者の多様なニーズに対応するということです。今回、関西館が設立されましたが、国立国会図書館全体として、東京本館、関西館、それから上野にあります国際子ども図書館の3館が一体となって、時代の要請に即応し、かつ多様な利用者のニーズにあわせたサービスを展開していくことが基本であります。関西館自体の設立は、構想から実現まで20年近くの歳月を要した大プロジェクトですが、関西館の開館自体を、サービスを拡充し、新サービスを展開する一つの機会としてとらえ、我々はこの数年、業務改編を含めた準備をしてまいりました。新しいサービスを実現するために、業務、組織、システム等の再設計に取り組んできたのですが、これを支えた基本認識を3点ほど挙げておきます。

　まず、図書館資料に、紙媒体に加えて電子媒体が加わったこと、図書館で扱う資料として、非所蔵資料、つまり所蔵していない資料についても図書館でサービスを行う対象とする、これが資料面におけるサービス上の一つの大きな基本認識ということになります。二番目は、図書館というところは、従来はその場へ行って開架資料を見る、あるいは書庫資料を請求して見るという館内利用が中心でしたが、これに加えて、現在では、インターネット等情報通信技術を活用して遠隔利用を行うという比重がますます高まっています。こ

れによって、永田町や京都といった地域に制限されない、全国民的なサービスが可能になる。これはもともと国立図書館の基本的な使命の一つでありますので、それを可能にするということです。三番目が、遠隔サービスによって、国内のみならず国際的なサービスが可能となる。資料自体についても、所蔵資料というものには限界がありますので、多様な情報源を利用する、それを加工して全世界に向けて発信する。言語の問題等がありますので、課題は多いのですが、一応対象としては、国内のみならず全世界に向けて発信する。この3点を基本認識として、様々な改革に取り組んでまいりました。関西館開館を契機に、10月からNDL-OPACを提供するなど利用しやすい図書館を目指してきました。雑誌記事索引は、11月1日から540万件の全件を提供し、平成15年1月からはそれを用いて、長年の懸案でもありました、個人の方が検索結果から複写申込ができるサービスを可能としました。こういう意味において、単なる館内来館利用者だけではなく、様々な分野の、全国あるいは全世界に広がる利用者を想定した図書館のサービス方針を考え、それによって少しずつ目標に達することができるように業務を行ってきました。

図書館資料の広がり

　その次の図書館資料についてです。当館の収集資料というのは、国立国会図書館法によって規定されています。CD-ROM等、我々はパッケージ系電子出版物と呼んでいますが、これの正式な納本が始まりましたのが平成12年10月です。従来の納本対象というのは、図書、小冊子、逐次刊行物、楽譜、地図、それから印刷術等の機械的または化学的方法によって復元されたもの、いわゆるマイクロフィルムでした。実は、CD-ROM等は法的には納本対象になっておりませんでしたが、かなりのものが納本されておりました。これを正式に納本対象とするために法律を改正いたしました。この表現というのが、「電子的方法、磁気的方法、その他の人の知覚によっては認識することのできない方法により、文字、映像、音、またはプログラムを記録したもの」というもので、聞いただけではわかりにくい条文ですが、できる限りこのパッケージ系出版物を広く含めることを意味しています。プログラムというのは、コンピュータプログラムのことで、アプリケーションソフト等も納本対象とすることにいたしました。ただ、納本対象としても、それを図書館資料として利用させることについてはいろいろと制約もあります。ここに至るまでの経緯がありまして、電子出版物業界の代表の方ともずいぶん議論を重ねた結果、法的にはパッケージ系出版物も納本対象として、国会図書館が収集して利用に供し、長く保存することになりました。

　それからもう一つ、電子出版物については、ネットワーク系電子出版物があります。これも一般的にわかりにくい表現ですが、代表的なものとして電子ジャーナル、こういったものの収集をどうするか、納本対象とすることができるかについて、現在、納本制度審議会のネットワーク系電子出版物小委員会で検討しているところです。これについても法整備が必要です。これまでにもお話がありましたが、ネットワーク系出版物の保存も大きな課題となります。非常に複雑なウェブの多重構造のものを、どうやって集めるのかという技術的な問題もあります。こういった技術的な問題については、関西館に新設された電子図書館課という組織で、検討あるいは実験的システムの開発等を行うことになっています。

　電子ジャーナルの利用については、大学の図書館等ではごく普通のことですが、国の図

書館であるということから当館には法的な課題がありました。従来は図書館資料でないと利用させることができなかったのです。図書館資料というものは、いわゆる所蔵資料です。ものとして出版されている資料を、当館が納本や購入という手段で実際に図書館の蔵書とし、それを利用させるということが国立国会図書館の規定にあるのです。電子ジャーナル等の非所蔵資料を利用させるために、やはり法律の改正を行いました。収集資料のほかに、インターネットその他の高度情報通信ネットワークを通じて閲覧の提供を受けた、図書館資料と同等の内容を有する情報、要するに、図書館資料に準じた同等の内容を持った情報については、図書館の建物の中で、あるいは相互貸出しで見せることができますというように法律を改正しました。当館の場合、サービスを広げようとする場合、新しいサービスを始める場合には、法的な制約を常に考えなければならないという問題があります。いずれにしても、こういう法的な整備を行って、電子図書館時代における法的な基盤、制度的な基盤ができあがってきました。

OPACの発展

その次がOPACです。10月から、従来のWeb-OPACがNDL-OPACに変わりました。正式名称は、国立国会図書館蔵書検索・申込システムといいます。単なる書誌データの提供ではなく、その資料の排架場所や、現在は利用中で申し込めないといった利用の可否情報を示すことができます。また、検索結果を貸出し、複写、予約等の申込みに結びつけるという機能を持たせています。データベースの提供の種類・範囲も大幅に拡張いたしました。和図書については、明治以降260万件、雑誌記事索引540万件等々合計すると900万件ぐらいになるのですが、国立国会図書館の場合、まだデータベース化されていない資料もかなりありますし、まだ目録さえとられていない資料も、ごくわずかですがあります。それから、カード目録はあるけれど、入力されていない資料もあります。

公共図書館の方はご存知かと思いますが、以前「NOREN」という情報検索システムで書誌データを提供しておりました。そちらの方のデータベースには入っているのですが、今回新しくなりましたシステムのデータベースにはまだ移行が終わっていないデータもあります。主なものを言いますと、洋図書の古いもの、帝国図書館時代から1985年までの古い洋図書のデータについては、既に書誌データの作成が終わっていて、後はメインフレームからデータ移行を行えば提供できるようになります。それから、アメリカ政府刊行物、文部省の科研費報告書、占領期資料、関西館にほとんどが所蔵されている科学技術関係資料では、テクニカルレポート、学協会ペーパー、外国の学位論文等のデータについてもまだ移行が終わっておりませんので、OPACでは検索できません。こういったデータをこれから計画的に移行して、来年度以降、順次OPACに搭載する予定です。

文献提供サービス

次に、文献提供サービスについてですが、来館しなくても、インターネットでOPACを検索して、その結果について複写を申し込むことができるようになりました。文献を入手する環境が改善され、申込みは簡単になりましたが、複写製品を送り届ける手段はまだ郵送です。OPACで複写を申し込んだものについては、申込みの翌日に発送するというのが最終目標ですが、今のところ、もう少し日数がかかっています。東京本館にはまだカード

ボックスがありますが、関西館にはほとんどカードボックスがありません。目録検索は端末が主な手段になっています。今のところ、まだ館外にはすべての目録データを出しておりませんが、最終的に、館の内外の区別なくすべての書誌データが提供されるようになりますと、実際に皆さんのご家庭で国立国会図書館の目録ホールに相当するような機能を持つことができます。目録だけでは中味がわからなくて不十分という指摘もありますが、蔵書目録の提供という意味では図書館自体の窓口が広がり、利便性が向上しました。

資料の電子化と提供

　電子化については、先ほど評価をいただきました近代デジタルライブラリー、その他にも貴重書のライブラリー等が現在ホームページから見られるようになっています。公開している明治期刊行図書は現在3万冊ですが、最終的には10万タイトル、17万冊をデジタル化して、できる限り多くの部分をインターネットで公開する予定です。その他の資料については、明治期に続いて大正期の資料のマイクロ化を計画しており、その電子化については少し先になると思いますが、先々は明治期と並んで大正期までこのデジタルライブラリーが広がる可能性があるということになります。

来館者へのサービス

　次に、来館者へのサービス、館内サービスです。国立国会図書館は休館日が多いと以前から指摘されていました。できるだけ休館日を減らす努力を続けており、関西館は土曜日も毎週開館するようにしました。東京本館の方は現在、第一と第三の土曜日は開いていますが、最終的には東京本館も同じかたちになる予定です。システムもこちらの方が先行して、登録申込み、OPAC端末で検索して、その検索結果を直接書庫に申し込むなどの館内利用をシステムで一元的に管理しています。複写サービスについて、関西館では、セルフ複写をメニューに加えました。複写の申込み時、終了時に図書館側がチェックする体制をとり、著作権法第31条の範囲内で行っています。作業自体は自分で複写をとることになりますが、比較的簡易で料金もいくぶん安いため、現在、関西館の複写のうち、9割ぐらいがセルフ複写に流れています。東京―関西間の資料の取寄せと、即日伝送複写サービスも行っています。即日伝送複写はまだ一方向ですが、関西にある資料を東京から申し込んだ場合に、複写をして即日で東京に製品を送るというサービスです。公衆送信権との関係で、これができるかどうかという議論がありました。要するに、いったん複写をとったものをさらにファックスで送ることは、もう一度複写することになりますので、著作権にかかわってくる部分があるということだったのですが、結局、これについては、東京本館と関西館の間ではファックス送信は問題がないとの見解が出まして、このサービスを始めました。図書館のサービスを改善するには、社会制度、法的な問題をクリアーしなければいけない課題があり、我々としてはこのような努力も並行して続けていきたいと考えています。

多様な情報源の活用

　それから、多様な情報源の活用―情報サービスについてです。これからは、利用者が適切な資料に到達できるような案内役を務めることがますます重要となります。図書館資料のみならず、ウェブのリソースについても、同じような案内役を務めることが必要です。

OPACの範囲が広がり、蔵書の検索自体は家庭や会社でも簡単にできるようになりました。今までは、国立国会図書館でこういう資料を持っていますかという問い合わせが多かったのですが、これからはそうではなく、高度な内容のレファレンスが増えるのではないかということで、館内にありますいろいろなレファレンス情報を集めてデータベース化し、また、カードで管理していたレファレンス用のツールなどもシステム化するという作業を進めています。ホームページに入っていただくと、いくつかそういうものが挙がっていますが、今のところはそれぞれが独立したシステムになっているので、若干調べる場合にコツがいるようです。今後、それらを統合して、利用者を適切に導けるようなレファレンス・データベースを作っていくことが一つの課題です。レファレンスの回答事例が当館にもかなり蓄積されておりますし、他の図書館でも相当蓄積があると思うのですが、これらを集めてレファレンス情報データベースという共同データベースを構築する実験事業が現在進行中です。

　利用者からは本の内容がわかるようにとの要請もありますが、一部の図書について、書誌情報だけではなく、その内容を示す目次情報のデータベースの構築も進めています。まだ件数は少ないのですが、先々こういったものと書誌データの統合あるいは掛け合わせ検索などの仕組みを作り、書誌データのみならず、内容からも利用者の検索要求に応えることを考えていきたいと思っています。

　ウェブのデータベースについて、電子図書館事業の中で、メタデータ約5,000件のデータベースを作り、実験的ではありますが、ホームページで公開しています。分類別になっていて、項目をクリックしてリンク先を調べるというデータベースです。ウェブの情報はノイズが非常に大きく、きちんと維持・管理のできているデータが少ないという現状がありますので、図書館として使える、あるいはレファレンス情報源となるようなデータベースをこれからも選択して集め、リンクをはるという作業を続けていきたいと思っています。

業務基盤の整備
　これらのサービスを可能にするために業務基盤の整備を行いました。一つはシステム開発で、もう一つは組織等の再編です。4月の関西館設置、5月の国際子ども図書館の全面開館、それから10月の関西館の開館、これらに向けて当館の機能を拡充し強化するために、4月に機構再編を行いました。この前の機構再編は、東京に新館ができました1986年に行いました。その時には図書館資料を扱う部門を図書部、逐次刊行物部、専門資料部というように資料群別に分けました。今回はそれを機能別に再編成し、書誌部、資料提供部、主題情報部の構成にしました。収集部については、部の名称は同じですが、部内を改編して機能の拡充・強化を図っています。関西館は、資料部と事業部の二つの部と部に属さない総務課で構成されていますが、現在120名ほどの職員が業務を担当しております。関西館では、東京本館よりも、業務の外注あるいは外部委託を積極的に取り入れ、機能強化を図っています。

　もう一つはシステム開発です。東京、関西、国際子ども図書館の3館に分かれた結果、同じ本が3か所にある可能性もありますから、書誌データだけでなく、1冊1冊の物理単位でデータを管理するために新しいシステムを開発してきました。資料の選書、収集、登録等の資料管理、書誌作成、利用、製本、排架場所の変更、こういったものを一元的に処理

できる統合的なシステムを作り、これによって全体の業務を管理しています。閲覧系、OPAC等の情報提供系のシステムは10月から稼動していますが、収集や資料管理系のシステムは来年1月以降に動き出す予定です。全体として非常に大規模なシステムで、開発に数年を要する結果となりました。その間に、業務の標準化、プロジェクトベースの進捗管理などの業務改革もあわせて実施しました。

図書館ネットワーク
　少し断片的になりましたが、具体的なサービスに則して、サービスの基本にある考え方と今後の目標についてご紹介いたしました。資料の収集、書誌の作成、情報サービス、電子化、来館者へのサービス等、従来計画してきたことは、関西館開館を契機に実現したと思っていますが、今後さらにこの計画を進めて時代や利用者のニーズに則した図書館を目指す努力をしていきます。今日は時間がないので触れませんが、総合目録ネットワークなどの事業のように図書館相互あるいは関係機関といった館種を越えた協力・連携の機能もこれもさらに進めていく必要があるだろうと考えております。図書館の扱う資料のみならず、情報、リソース、それに図書館のかかわる世界というものが非常に広がっていますので、単館ではどうしても機能に制約があり、十分なサービスができないということは共通の認識でありますので、今後は図書館相互、図書館関係機関、館種を越えた図書館職員同士が、お互いの立場を尊重しつつ、機能もお互いに分担して持つという協力・連携をしながら共通の目標に向けて努力していくことがますます重要になるだろうと考えています。このことを確認して、この報告の結びとしたいと思います。ありがとうございました。

パネルディスカッション

【塩見】今、ご紹介いただきました塩見です。先ほどは3人、それから最後の村上部長さん、4人の方のお話をそれぞれ講演として皆さんにお聞きいただいたわけですが、それを素材にしまして、プログラム上、時間としては55分ということで、約1時間ぐらいですから、非常に限られた時間ではありますが、本日のテーマ「図書館の再設計」について、話し合ってみたいと思います。先ほどの休憩時間中に、もう少しこのへんを補っていただきたい、聞きたいといった質問や感想を皆さんにお書きいただきました。それほどたくさんではありませんが、いくつかいただいております。これらについてはすべてを一問一答というかたちで処理するのではなく、後ほどの話合いの中で活用できる場面で活用させていただくというふうにしたいと思いますが、後ではあまり話題にならないと思われる部分もありますので、それはそれとして、特にどなたにというかたちで出ているものについては、質問とそれについてのご説明ということで処理させていただくものもあると、そのへんは適宜使い分けをさせていただこうと思います。

　本日、午前の基調講演に始まりまして、これまでずっとお話を伺ってきました。話したいことをたくさんお持ちの方々に、限られた時間の中ではまだ言い足りないという感じでお話しいただき、中身の詰まった情報をたくさんいただいたと思います。最初の基調講演では、図書館そのものがこれから大きく電子図書館に変わっていく、変わりうるであろう理想の図書館ということで、グランドデザインを示していただいたということになるのでしょうか。そういうお話があって、そして午後再開後に、3人の方からいろいろお話を伺ったわけです。お名前は何々さんというかたちで統一して使わせていただきます。伊藤さんは冒頭で、図書館の変化というのはまさに歴史的転換点であると表現されました。図書館が大きく変わっていく、そして変わる最も大きなインパクトとして、やはりデジタル環境、電子環境といった技術の変化があったということは、皆さんそれぞれが違う立場からご指摘なさいました。津野さんの場合には、LCのアメリカンメモリーというウェブ情報に接したことがきっかけで図書館というものを考えられました。辻さんの場合には、行かなくてもメールでいろいろなことが訊けるということが、図書館というものを改めて考え直していく、見直していく、そういう強いインパクトになりました。そのような電子図書館というものの側面から、皆さんは図書館の変化に共通してお触れになりました。ですが、同時に、伊藤さんの場合は「ならざるを得ない」という大変微妙なニュアンスの表現も幾度かなさったわけですが、そうした一つの大きな方向の必然性と同時に、従来型の図書館と電子図書館の有機的な結合、ハイブリッドライブラリーを目指さなくてはならないというお話でした。あるいは変わらない部分と辻さんはおっしゃいました。あるいは津野さんは、本来の図書館の一番図書館らしいものが電子図書館技術ということによって可能になっていくという連続性の問題としてお話しされ、大変興味深くお聞きしました。そうしたつながりの部分、相互の部分、融合の部分をそれぞれが強調なさったことも大変印象的だったと思います。

この後、少ない時間ですが、話としましては、その融合の部分、結合の部分、辻さんのお言葉ですと、二律背反的な考え方というのはもういい加減やめましょうということもありましたが、そういう二律背反的ではない、従来型のものと電子図書館的な部分、新しい技術によって可能になっていく部分と本来的な部分というものの融合の中で作り上げていく、それこそ図書館の設計であるといったことについて、今少し、それぞれの方のお立場から具体的な提言やイメージをお話しいただけたらと思います。それから、先ほど村上さんがお話の最後で、連携・協力の問題があると触れておられましたが、この関西館が、日本における図書館ネットワークの要として協力・連携を促し、もともと図書館はそういう存在ですが、より一段と関係を深めるということは3人の方のお話の中にもあったと思いますが、電子図書館的側面の強化ということの中で進められる連携・協力のこれからのあり様というあたりについて、もう少し皆さんからお話しいただけたらと思います。3人の方々が特に描かれる再設計する図書館像というものを、この国立国会図書館がどう受け止めることができるか、あるいは受け止めていくのかということです。本日は関西館の開館記念シンポジウムということですので、最後のところは皆さんからのこの国会図書館関西館への提言、期待を、別に関西館を代表されるお立場ではないかもしれませんが、村上さんに可能な限り受け止めていただいて、今日参加の皆さんが、この関西館に対して、あるいは国立国会図書館に対して、改めて期待感を持って帰ることができるというかたちになればいいのではないかと思います。大体そのへんのところは残った時間の流れにまかせたいと思いますので、3人の方々にもよろしくお願いしたいと思います。

　その前に、フロアから出ましたもので、今言ったような話にはなかなかつながってこないと思われる事柄で、やはり大事な問題だと思われるものを一つ、二つ最初に取り上げて、お答えというか、簡潔にコメントいただけたらありがたいと思います。津野さんに対して、出版との関係ですが、出版人として版面権をどのようにお考えでしょうか。著作権が切れても版面権はあるという考え方、例えば青空文庫の事業と衝突する面があるようにも思いますが、出版における編集機能ということにも関わるのでしょうか、というご質問ですが、何かこのあたりを少しコメントいただけますでしょうか。

【津野】青空文庫とぶつかるかどうかという点はよくわかりません。ただ、私個人としては、どんどん権利ばかり増やしていっても仕方がないという気がするわけです。先ほども言いましたが、公共的なところに譲れるものは、できる限り譲っていってしまった方がいいのではないかと思うのです。例えば、印刷会社がデジタル化の作業を請け負っていた時代には、大手の印刷会社がその版の権利を全部持ってしまい、再利用しようとする時にもなかなか放出してくれなかったとか、変化のあらゆる場面でいろいろなことが起こってくるわけです。しかし、それは実際上もう意味がなくなってしまいました。文章を書く人たち自身がワープロで書くようになってしまったら、全く意味がなくなったわけです。そのように、動く時代の中であまり権利、権利とやっているよりは、オープンにできるものはできる限り早くオープンにした方がいい、大したことはないのだからという気がします。個人的な見解です。

【塩見】大学図書館の方もたくさんみえていると思いますが、今日は大学図書館に絞り込

んだ話をあまりできないと思いますので、その意味で、これは伊藤さんに受けていただくのがいいと思いますが、書かれたものを、皆さんにお返しするのにふさわしいかたちに私が少しアレンジしたいと思います。お書きいただいたのは、「図書館の将来、大学の図書館のあり方について伊藤先生が詳しくレジュメで作成されていて、今後は大学も独立採算性で、大学図書館も経営的に厳しいということを知りました。本来、図書館は無料で提供することが習慣づいている現状で、採算性とはつりあわない世界だけに、今後どのようになるのか興味があります」ということです。大学は今、大変大きな変化の時期にあります。特に国立大学の行政法人化ということもあります。これは、図書館が、というよりも大学そのものが大きく変わるわけでしょうが、その中で、今日、伊藤さんの方から大学図書館の再設計ということで、一つの図書館のあり様に対する大きなイメージを提供していただきました。それらのことが、今進行しつつある法人化という流れの中でやりやすいのかやりにくいのか、なりやすいとか、なりにくいとかということも含めて、そのような条件、環境の変化の中で、今日お話しいただいた大学図書館の再設計、これからの像というものを、大学の法人化ということとの絡みでどんなふうにお考えなのか、少しご紹介いただけますでしょうか。そういうかたちで、質問者の方がお書きになっている採算性ということを、一つはお金の問題が大きいと思いますが、私が若干アレンジしてそのような問いかけのかたちで伊藤さんに回させていただこうと思いますが、いかがでしょうか。

【伊藤】大変難しいご質問ですが、まず、大学図書館が独立採算性になることはありえません。文部科学省がまだ文部省の頃に有料化を検討したことがあったそうです。結局、図書館の歴史からしてそれはできないということで、今後も大学の責任で大学図書館を学術基盤として整備するということは変わりません。それから、国立大学は法人化しても基本的に国の費用で整備運営するということですので、これも従来と変わりません。ただし、法人化された後は、大学図書館も少しは収入の道を探されてはいかがですかという問いかけが来ているわけです。今は例えば、大学図書館で展示会をやってもシンポジウムをやってもみんな無料です。下手にお金をとると、財務省に持っていかれるだけで何の意味もありませんので、パンフレットも全部公費で作って差し上げるだけなのです。そういう事業は独立採算でやり、収入の道を作り、さらに社会に開かれた大学図書館にするために考えてくださいということですから、法人化された時には、そういう意味での企画を積極的にやりたいと考えています。採算性に関しては、大学図書館も経営をしなさいということですから、独立採算ではありませんが、効率化等で、いったいお金がどこにどうかかっているのか、貸出1冊あたりどれくらいかという計算は、最近、公立図書館がやるようになりましたが、当然、大学も、少なくとも値は知らなければいけません。たぶん計算すると、公立図書館に比べて1冊あたりの貸出しにより多くのお金がかかっていると思いますが、それはそれで構わないので、そういう意味での経営の観点を必ず持たなければならないということです。それは好むと好まざるに関わらず、大学が法人化すると、社会に対しての説明責任があるからです。今までは政府、文部科学省の一出先機関でしたから、言われるとおり、お金をもらってお小遣い帳をつけて使っていればよかったのですが、今後はまとめてきますので、どういう使い方をするかということも含めて、社会に対して説明責任があるわけでして、図書館も大学の顔として活動しなければいけないという意味で申し上げ

ました。

【塩見】それからもう一つ、伊藤さんの方に、「電子ジャーナルについては、図書館長として大変深く関係なさっている問題だと思いますが、エルゼビア社をマイクロソフトに例える人もいるほど、その独占による弊害が指摘されていますが、これに対して図書館はどのように対処すべきでしょうか」ということですが、これについてはいかがでしょうか。

【伊藤】非常に厳しく対処しなければいけません。どんどん他社を買収していますので寡占による弊害が出てくると思います。それには独占禁止法で、ヨーロッパもアメリカもかなりクレームをつけています。エルゼビア・サイエンス社の雑誌が非常に高いということも含めて、今のやり方で値上げを続けられたら、大学図書館は破綻せざるを得ません。そういう意味で、国際的な動きとしてはSPARCプロジェクトというのがあります。つまり、そんな高い雑誌はやめて、もっと安い、対抗する雑誌を作りましょうとか、非常に良心的な雑誌に対してSPARCマークをつけてそれを積極的に図書館が買いましょうというかたちで、アメリカを中心に始まりました。日本でも、SPARC JAPANというのを立ち上げようということで、国立大学図書館協議会も動き始めました。NIIも含めて国レベルで動きます。そういう牽制も当然しないといけません。コンソーシアムを実現しても、雑誌の値上げを阻止できるわけではなく、ただ少しお得に買えるだけの話です。根本的に学術情報流通のあり方を変えると同時に、対抗雑誌を、我々学会で作るということも含めて、考えざるを得ないと思っております。このままいけば、エルゼビア・サイエンス社などに価格決定権を握られて、学術情報を全部握られてしまいますので、これはもう、非常に憂うべき状態だと思います。

【塩見】はい、ありがとうございました。それから、関西館について、開館日と休館日のことが少し出ています。例えば土曜日や日曜日に、博物館や美術館のように開くということでは何か都合が悪いですかという質問があるのですが、最後に関西館に対するいろいろな要望ということが出るかと思いますので、これはまたそちらの方でお訊きいただくことにして、この段階では留めておきます。それでは、先ほど申し上げましたように、大きくは二つの事柄、まず一つ目に、従来型の、あるいは本来のという言い方もあったかもしれませんが、そのような図書館と電子図書館が融合し、新たな高いレベルの何かを作っていくという、まさに再設計について、もちろん前半のお話の中でそれぞれ触れていただいているわけですが、そうした関係の展開として、例えばこういうことはできないのだろうか、こういうことをぜひ考えてみてほしい、あるいはこういう例がこういうことにあたるのではないかと、少し具体的に皆さんがイメージできるようなお話を、まず前半でお願いしようと思います。話の中ではたぶん言葉として出なかったように思いますが、レジュメの中で辻さんが、EUの決議のことに触れられて、インターネットか図書館かという二律背反、棲み分け発想から脱してという流れの中で、EUの決議のことを書いていらっしゃいました。図書館が在来の情報メディアと新しいメディアの架け橋になる。このことは確か、辻さんのお書きになった文章の中で見たような気がしたのですが、そのようなことを書いていらっしゃいますので、そのあたりのご紹介も含めて、今の点について、少しご発言いた

だけますでしょうか。

【辻】一番大切で、しかもまだあまりにも強調されていないこととして、従来のメディアと新しい電子メディアをつなぐ役割を図書館が果たさなくてならないということは、もう皆さん誰でも考えていらっしゃることですが、そのためには非常に有能な情報の案内人が必要で、つまり非常に有能な司書が必要な時代だと思うのです。その司書の養成について、皆さんはどのくらい考えていらっしゃるでしょうか。例えば、国会図書館の職員は国家公務員である前に、まず司書であってほしいと思うのです。具体的に司書の養成計画があるでしょうか。実際のところ、特に地元の図書館で、時々個人的に頑張ってものすごい検索能力を持つ人がいますが、そういう人が一人でもいる図書館というのはいい図書館なのです。他の人に解決できない問題は全部その人のところに行くのですが、それでも全然いないところといるところでは全く違います。日本の場合、司書制度がきちんと制度化されていません。例えばフランスでは、司書の一番高い地位はコンセルバトゥールという非常に高い地位で、これを持つ人は名刺にもそう書きます。それに相当するような、非常に高度な技術を持つ司書であることを示すものが日本にはないというか、司書というのは、電子メディアにおいても従来型のメディアにおいても、大変な資料や情報を提供する情報案内人としての技術を持つ者だということが、まだコンセンサスになっていないような気がするのです。それがあまりにも強調されていないので、何よりもそれを日本の図書館全体の課題として真剣に取り組んでほしいと思います。今までは、ある図書館に一人でもいればもう違ってくるという個人の努力に任されているようなところが確かにあったのです。そういう人は本当に自分でやっていますから、ある意味では習ってするよりもっと優れているし、職人的にこつこつ自分で勉強した人というのは、それなりに優れた面があるのですが、それをもう少し普遍的にして、そういう司書がどんな図書館にも、どんな資料室にもいるということが第一ではないかと思います。それから、EUは、1998年10月に、現代社会における図書館の役割という決議を出しているのですが、そこでも図書館員の養成が重要であるということを非常に明確に打ち出しているのです。日本の場合は、あまりにもそれが強調されていません。ずっと前から思っていることです。その点を、ぜひ日本全体の大きな課題にしてほしいと思います。

【塩見】はい、ありがとうございます。図書館が架け橋としての実体を備えうるためには、やはりそれに見合う人が必要です。専門家養成の問題と、社会的にそういうものの必要性を認めるコンセンサスの重要性ということですね。

【辻】少しだけ付け加えていいでしょうか。長くなるとあれなんですが、私は何かについて書くと、すぐ自分の書いていることをペラペラ誰にでも話す悪い癖があるので、数年前に図書館について本を書いている時も、ずいぶんいろいろな人と図書館の話をしました。そこで、図書館の利用は量的にはこの10年でものすごく増えているのに、図書館の持つ調査機能はあまり知られていないのでびっくりしたのです。レファレンス・サービスということは、私が話をした人のほとんどが知りませんでした。言葉は知らなくてもいいのですが、情報の案内をしたり、利用者の質問に答えたりする機能が図書館の大きな機能だとい

うことさえ知りませんでした。大新聞の記者がこれを知らなかったくらいですから、私の方がびっくりしてしまいました。それで、図書館にはこうこうこういう質問が来るそうだと言ったら、そんな質問を図書館にしていいの、という具合なのです。今はもうそれから4年ぐらいたちましたから、少しはましになりましたが、そういう図書館が持つ調査機能というものを、もっとこれからいろいろなかたちでアピールしていってほしいです。これは図書館自体の問題ですが、やはりジャーナリズムの問題でもあると思います。大新聞の記者が知らないというのはやはり問題だと思いますから。だから、ジャーナリズムは、図書館に何か問題があった時だけ図書館について報じるのではなく、そういう意味での図書館の機能というものが、欧米の社会に比べると確かにまだ日本では知られていませんから、そういうことを積極的に知らせていくという役割も自分たちは持っているのだということを、やはりジャーナリズムの方も自覚してほしいと思います。

【塩見】人ということを中心にして、今お話をいただいたわけですが、津野さんが、先ほどのお話の中で、アメリカンメモリーのようないわゆる電子図書館が無料であるという部分のその公共的なもの、図書館の本質的なものが、電子化という技術が普及し、それが可能になる中で改めて掘り起こされたというか、具体化されたという文脈でお話しになりましたね。そうしたあたりと、それからそれを担ったLCのスタッフについて、『新・本とつきあう法』の中で、いろいろと彼（女）らの思いを見るような気がしたというようなことを書いていらっしゃったという気もしますが、今、辻さんがおっしゃった、そういう架け橋の実を担っていくような人というところにも通じるのではないかと思いますが、そのあたりを含めて先ほど問いかけましたようなことについて、いかがでしょうか。

【津野】それはそのとおりだと思います。その意味でも、先ほど村上さんがお話しになった、今度の国会図書館のさまざまな改革というのは相当大きな意味を持つものだと思います。ただ僕が6年前にアメリカ議会図書館のサイトで味わったような、あのわくわくした感じというのは、ここではやはりまだ味わえないのですね。なによりも、先ほどPRのお話がありましたが、これがどれだけ大きい変化なのかということを、国会図書館側がもっと外に強くアピールしていただきたい。どの試みをとっても、かなり画期的なものであるにもかかわらず、外へのアピールの力が弱い。少なくとも多少の知的関心を持っている老若男女にとって、これは相当大きな事件なのだということが、まずウェブサイト全体の雰囲気から漂ってくるような、わくわくさせる力というものを持ってほしいという気がします。そのためには、かつてのジェームズ・ビリントンの宣言のように、国会図書館は日本国民が自分の代表として選出した国会議員を通じて作った日本最大の知識データベースで、今までは全日本国民に利用してもらうことができなかったけれど、電子化によって、やっとここまでできるようになったという程度のことは、ぐらいのところをはっきりアピールしていただくということも必要がある。それは、この試みにとって必要なだけではありません。今、日本では、公共図書館を中心に、図書館は全体としてひどい目にあっていると思います。公共図書館では、資料購入費が今までにない勢いで減らされていますし、司書の専門性に対する軽視は極限にまで進んで、東京であれどこであれ、今や司書が一人もいないような図書館がざらにあります。そういう状態の中で、例えば、図書館というものは日

本の国民にとってこんなに重要な施設であり、電子化によってこれだけのことができるんだということを、まず国会図書館にアピールしていただく。そうすると、それにつれて地方議会やさまざまな行政組織が動き、図書館が自分を主張していく時の拠り所になるといった感じが出てくる。そういうかたちを僕としては夢見ているわけです。俺たちはこんなことをやっているんだと、国会図書館だけでもいいから言ってくださって、それが一つの基準というか、公共図書館などが動く拠り所のようなものになるといいという気がいたします。

【塩見】ありがとうございます。今のお話を少し受けさせていただくならば、国会図書館へのという部分があったと思います。それはまた最後のところで、村上さんの方に回したいと思います。伊藤さんが、最初に配布なさったレジュメの一番最後に、おそらく時間の関係で触れられなかったと思いますが、図書館経営について少し触れておられますよね。経営の観点で、企画立案能力、プレゼンテーション能力および交渉能力もうんぬんと、やはり人の中身の問題についてここで触れられているわけです。今、津野さんがおっしゃった、図書館がいいことをやっている、すごいことをやっているということをもっとデモンストレーションして情報発信したらどうかということにもつながると思うのです。ひょっとしたら、プレゼンテーション能力あたりがそこにつながるのではないかと。電子的な環境で電子図書館機能を充実させるには、当然、伊藤さんがお話の中でいかに苦労しているかということをおっしゃったお金の部分と、それから担い手という人の部分があると思うのですが、人ということも含めて、先ほど問いかけましたような事柄について、伊藤さん、いかがでしょうか。

【伊藤】私の観点は、主として大学図書館なのですが、従来、図書館は天下り的に最低限運営されてきたのですが、大学が法人化すると、それさえも危うくなる可能性が十分あります。それから、新しい役割をしなさいと言われているのですが、今まで図書館というところは非常に受身で、いいことをやっても陰に隠れているような状況があったわけです。そういうことではとうていお金も来なくなりますし、存置理由を問われるのに何も言わないのでは話にならないので、新しい支援業務に関する企画立案もしなければいけませんし、プレゼンテーションも、学内・学外を問わずきちんとしなくてはいけません。宣伝というと変な言葉ですが、自分たちが何をやっているかということをきちんとアピールする能力が、残念ながら今までは非常に欠けていたと思うのです。もう少し、人について言えば、大学では、やはり従来から言われていたサブジェクト・ライブラリアンを養成しなければいけません。今までは、部局にいる人たちの中には、そこにずっといて何となくそれに近くなっている人がいますが、最近はそういうわけにもいきませんので、もう少し専門がわかる、あるいは研究がどういうものか、教育がどういうものかということが具体的にわかるような人を、もし現有勢力でできなければ、そういう人を配置せざるを得ないのではないでしょうか。学歴で言えば、修士や博士を持っていて、研究した経験がある、論文を書いた経験があるという人を配置しないと、大学図書館としてはやっていけません。一番大事なのは、公共図書館もそうでしょうが、実は図書館長だと思うのです。図書館経営の最高責任者は図書館長のはずですが、大学図書館も、図書館長を集めると、私は何も知りま

せん、図書館のことを何もしたことがない一ユーザーですが、よろしくお願いしますという挨拶をされる方もおられますし、連携しましょうと公共図書館に挨拶にいくと、私は行政マンで、図書館の価値は初めて聞きました、図書館のことを何も知りませんと言う方もいます。あなたは経営責任者ではないのですかとまでは言いませんが、その責任をとる人が図書館長になるシステムを作らないと、あるいはそういう人材を育てないと、図書館員はやりきれないですよね。最近の公共図書館では、司書でなくても図書館長になれるようになりました。この点から考えると改悪してしまったわけです。もっと高いレベルの司書を育成して、その人が図書館長になれるようにすればいいのに、行政マンがなって、その方が本当に一生懸命やってくれればいいのですが、図書館長の職も片手間で、次のポストに行くという状況である限り、予算を減らされても、何の抵抗もできません。できれば職員だけではなく、図書館長もきちんとした人がなるようなシステムを作らないと、図書館経営はできないというのが私の持論です。私がちゃんとできているかどうかわかりませんが。

【辻】 それに少し付け加えていいでしょうか。図書館というところは、確かに広報活動がものすごく下手です。一つは、私は今までいろいろな図書館の会議に出ましたが、図書館の人の言うことは難しすぎるのです。図書館員にはよくわかるけれど、図書館のユーザーにはわからない言い方をするというか、言いたいことが伝わりにくいのです。だから広報活動に関しては、委託というか、募集したらどうでしょうか。普通の市町村立図書館ではできないかもしれませんが、関西館のような大きいところは、こういうすばらしい図書館があるというコンセプトを大々的に宣伝したいので、いいアイデアはないかと言って、アイデアをもらったところにはもちろんそれなりに謝礼を払わなくてはいけませんが、公募というかたちでアイデアを募集したらどうかと思うのです。図書館だけではなく、一般的に公務員の人の言うことはすごくわかりにくいです。それを何とかしていただけないかと、私は常日頃思っています。

【塩見】 はい。今のようなご指摘は、これまでにもよく聞いたことがあると思います。それが下手だから、公務員が今、非常にシビアな状況に置かれているのかもしれません。時間がないので、私が余計なことを話していてはいけないのですが、図書館の持つドラマ性というのは非常にすばらしいのですが、図書館員が書くとあまり面白くならないという例を、今、お話を聞きながら思いついたので、1分間ぐらいで披露だけしておきます。相当昔になりますが、関千枝子さんという元新聞記者のジャーナリストが、日野市立図書館について『図書館の誕生』という本を書いておられます。東京の日野市立図書館の計画誕生から開館までというのはまさにドラマだ。それを何としても皆さんに広く知ってもらいたい。しかし図書館の人が図書館の歴史を書くとどうも面白くならないので、私が書きたいと名乗り出て、たぶんあれは関さん自身から図書館協会に申し込まれた企画だと思います。やはりプロの文章として読ませる本になったと思います。今そのようなことを思いつきましたが、やはり伊藤さんもプレゼンテーション能力とおっしゃったように、私も図書館の世界で30～40年ほど生きてきた人間ですから、図書館はいいことをしていると思いますが、やはりそういうことは、より多くの人にもっと具体的に理解してもらい、図書館に対する

シンパというか、図書館を支持する基盤のようなものをもっと厚くしていかなければいけないだろうということを、今のお話を聞きながら思いました。人の問題から養成という話も出ましたが、村上さん、かつて東京では図書館研究所を持ったりして、いろいろな館外の図書館員の研修などにも一つの重要な役割を感じていらっしゃるという部分だと思います。これからの図書館像、再設計を担っていく人の重要性について社会的な認識を高めることが大変重要だというお話が出ているわけですが、そうしたなかで、図書館員の研修機能の部分に限って、この段階で関西館のプランや、今の抱負を少しお話しいただけますか。先ほどのお話の中で研修の部分は触れられましたでしょうか。違うことが頭にあったので、聞きもらしたかもしれませんが。

【村上】一般図書館員に対する研修ですか。館内の研修ですか。

【塩見】館内に留まらず、図書館員に対する再教育機能のようなことも関西館機能の中に挙げていらっしゃったのではないでしょうか。

【村上】研修は事業部の業務として重要な位置付けを与えられています。今の質問に対する直接のお答えではありませんが、先ほどの司書の専門性、司書の養成について、若干コメントをさせていただきます。実は国立国会図書館の場合に、やはり大きな課題としてありますのは、業務の継承です。具体的にはレファレンス・ライブラリアン、主題専門家の養成ということだと思います。職人というお話が出ましたが、職人はどの世界でも非常に生きにくくなっていて、残らないというのが現状です。図書館でもそのような傾向があり、昔はレファレンス一筋何十年という専門家が、当館にもおりました。今でもいないことはないのですが、図書館自体を外部の環境やいろいろな要請にあわせて変革していく時代にあっては、1か所に長く留まってその道の専門家になるということがかなり難しくなっています。要するに、さまざまな要因によって、図書館の職員に求められる能力というものが多方面にわたっています。経営の能力、組織を運営する能力、システムの設計を考える能力などです。確かに国会図書館の場合も、本館の主題情報部、関西館の文献提供課という部門がありますが、何を聞かれてもわかる生き字引のような人がいるという環境を維持するのは難しくなっています。電子図書館との関係で言いますと、組織そのものの構成が変わってきますし、あるいはそれに応じて職員に求められる資質・能力も変わってきます。この数年は、業務分析、システム開発、プレゼンテーションなどの能力が求められておりまして、一応大規模システムの開発が終わればそのへんはほかにシフトできるかと思いますが、1か所に長く留まって自分の専門を極めるということが難しくなっているのが現状です。それで、図書館に一人そういう方がおられると、利用者として非常に助かるというお話でしたが、その代わりにはなれませんが、おそらく昔であれば専門家の頭の中にあった蓄積を共有するという意味で、効果が出るかどうかはわかりませんが、レファレンス系のデータベースの構築や、レファレンス事例の集積の計画を進めています。我々がレファレンス業務を担当する時に、一番手っ取り早い解決方法は知っている人に聞くことです。ただ、利用者からの質問というのは多岐にわたり、何を聞かれるかわかりません。先ほども辻さんのお話にありましたが、船のトン数のような本当に難しい質問があった場合に、

これを調べるには非常に時間がかかります。これについてはこの図書館にこういう専門家がいるというところまでうまくネットワークが築ければよいのですが、難問です。電子的な知識の共有の試みは、司書の専門性に代わりうるとは言えないと思いますが、レファレンス能力の不足を補うもの、レファレンス業務を支援するものと考えています。

【塩見】予定どおりならあと10分しかないということで、時間が大変気になりますが、5分か10分ぐらいの延長はお認めいただけるということを前提に後半にいきたいと思います。今日お話をいただいた3人の皆さん、他の方のお話もそばでお聞きになり、あるいは先ほどからのやり取りなどを通じて、今日、前半で話そうとされたことの補足として、電子図書館機能がより充実し、あるいは従来の機能と結合した、融合したこれからの図書館像について、また図書館の世界は、当然、協力や連携をある意味で本質にしており、どんな立派な図書館も単一で仕事ができるはずがないことは既に常識というか、当たり前になっていますが、そのような連携や協力という部分がより新しいデジタル環境下でさらにどのようになっていくといいのかといった、これからの図書館のあり方、さらにその要に位置する国立国会図書館、とりわけ国立図書館機能というものをめぐるお話を、関西館を少し頭に入れて最後にお聞かせいただこうと思っています。おそらくお話しいただく機会は最後になると思いますので、こんなことを言い残した、他の人の話からこういうことを少し触発された、あるいは一言言っておきたいということも含めていただいて結構ですので、連携・協力と電子図書館機能のあたりを、国立国会図書館関西館を少し頭に置いていただきながらといろいろ注文をつけましたが、そのような発言をお願いします。どなたからでもよろしいですが、津野さん、その点につきましてはいかがでしょうか。

【津野】電子図書館というのは、技術もどんどん進展していますし、新しいことがどんどん出てきて、一般のユーザーにとってはまだ馴染みのないものだという気がします。つまり、今は一種の教育過程なんです。だんだんそれに慣れていって、その先にいろいろな要求も出てくるけれど、まだプロセスとしては自分で自分を教育する、新しいものに少しずつ慣れていく段階だと思います。それは大学図書館の場合でも、公共図書館の場合でも、国立国会図書館の場合でも同じだと思います。例えば、目録データベースのようなものは、今まで出版界にとって全く馴染みのないものでした。ところがインターネットが普及した段階で、オンライン目録というものが、例えばオンライン書店というものを通じて突然出てきた。いろいろな方法で検索をかけると、1960年代ぐらいに出た本まで新刊書として出てきたりするのです。そのためには目録データベースがきっちりしていない限りどうしようもない。データベースの恐るべき力については、僕の場合、図書館のOPACより、むしろオンライン書店のカタログで知ったという思いが強くしています。その影響を受けて、例えば、書協という出版社の連合体が共同のオンライン・カタログを作り、その公開が始まっていますし、それもどんどん整備されています。そのような方法で一番基礎的な技術みたいなものについて、出版社レベルでもやっと認識され始めたという段階だと思います。ですから、この段階では、電子図書館プロジェクトの中にもそういう教育的な機能がどうしても入ってこざるをえない。その意味でも、先ほど言ったウェブの作り方といったことについて、できる限り丁寧にやっていただきたいのです。サイトに入った時、そこに検索

の窓が開いているだけだと、気持ちがなかなか動きません。実用的かもしれませんが、その実用性の裏側にある種の沸き立つような気持ちを感じて、そこから自発的に自分を教育していくというか、新しいものに自分を慣れさせていくという動機付けの部分まで入ってきてほしい。それから、他の図書館とのネットワークづくりも、せっかくオンライン化したのだから、この先ぜひ国会図書館に率先してやっていただきたい。単に情報のオンラインによる共有というかたちだけではなく、私は浦和に住んでおりますが、浦和の小さい図書館から国会図書館の本をすぐ取り寄せることができたり、連絡を取ることができたりという、物流の仕組みを含めたネットワークが完備されていないと困る。情報のネットワークだけだと、やはり一般ユーザーにとってはなかなかありがたみが理解できません。今の日本の図書館システムは、あまりにもばらばらで、単位ごとに切り離されすぎてしまって、お互いの連絡があまりにもなされていない。デジタル情報のネットワークができても、それを支えていくには、やはり具体的な関係が、必要になってくる。そのへんを含めたうえでの展望がほしいです。それは決して国会図書館だけの責任ではありません。さまざまな種類の図書館の責任でもあるわけです。そういうものを期待しています。

【塩見】辻さん、いかがですか。ユーザーとして、いろいろなタイプの図書館、大学図書館も結構お使いになっているんですよね。

【辻】結構というほどではありませんが。大学図書館はけちですから。ついでの話ですが、ある大学図書館が市民に開放しているというので、問い合わせてみたら、大学並みの研究をしている人という条件がついていて、どんなものを見ることができるかというと、開架の書架だけで、外国語の新聞は置いてあるのですかと聞いたら、置いていませんと言われました。閉架の書架が見られなくて、外国語の新聞もなくて、ではお宅の大学の研究ってその程度なのですかとうっかり言いそうになりましたが、やはりかわいそうなので、言わずに済ませました。でも、実際に行ってみたら、担当の人が親切で何でも出してくれました。ですから、図書館というのは、個人で親切な人がいたら、そういう規則を乗り越えるという面がどうしてもあるのです。図書館とはさみは使いようという面が確かにあるのです。先ほど村上さんの方から、データベースをいろいろな図書館と共有するというお話がありましたが、日本全国の公共図書館、大学図書館、国立図書館を入れた横断検索は技術的に難しいことなのでしょうか。それができればいいなと思うことと、もう一つ、今、レファレンス・サービスというのは全部県単位です。大体のところは、県に住んでいる人にしか行っていません。それで、レファレンスを申し込む時に住所も書くようになっているのです。ところが、パリの公共情報図書館の場合は、住所を書くところなんて全然ないのです。私のメールアドレスには、jpがついていませんから、日本からきているなんて全然わかりませんが、そんなこととは無関係に答えてくれるのです。日本でもそうしているところがあります。神奈川県立図書館は神奈川県民に限っていないので、メールで質問したら答えてくれましたが、たいていのところは地域性が強すぎる感じがするのです。もう少しそういうことが横断的にできないでしょうか。そうすれば、例えば、自分の県にはそういうサービスがない、あるいはあってもたいしたことがないという場合でも、他の県のサービスだったら使えるということになります。大学はなかなか予算がないから、一般の人

はあまり使わないでほしいと先ほどお話がありましたから、大学についてはあまり申しませんが、今までの地域性という考え方をもう少し柔軟にしていただけないかということが一つあります。それから、もう一つ、これもどうしても気にかかっていることなのですが、日本の図書館というところは、やはりヨーロッパの図書館に比べてどうしても市民権がないと思うのです。量的には利用が拡大しているのですが、先ほど少し津野海太郎さんからお話があった森銑三の話で、その森銑三を回想した文章で、中村真一郎がこんなことを言っています。「森銑三というのはものすごく膨大な資料を集めて本を書く人なので、こんなにたくさんの具体的な資料、本をどのようにあなたは管理しているのですかと聞いたら、森銑三は事もなげに図書館で利用していますと答えた。それを聞いて、その思いがけない答えにびっくりした」と言うのですが、そんなことはヨーロッパでは当たり前で、私が今まで翻訳した著者は、全員仕事場は図書館なのです。書斎も見せてもらったけれど、さほどの本は置いてないのです。その原因として、根本彰さんという人の書いた『情報基盤としての図書館』という本に、もともとそれは日本の知というもののあり方にあって、日本では、欧米から輸入したものを自分の研究室に大切に抱え込んで、それを小出しにして紹介するのが知識人のあり方だったから、重要なものは書斎や研究室にはあるけれど、図書館にはないということで、何となく図書館に対する蔑視のようなものを感じます。根本さんは、図書館に対する蔑視のようなものがあるとは言っていませんが、私自身が、日本の知識人の中に、図書館自体に対する蔑視のようなものをどうしても感じるのです。公共の場で、誰でも接近できるものに対する一種の蔑視のようなものがどうしてもあると思うのです。個々の研究者はそれぞれ自分なりの資料を集めて、自分なりのやり方をするというのはいいことですが、こうした公共の場である図書館が軽視されているということは、日本の知識のあり方自体にとっていいことではないのです。知識の閉鎖性を反映していることですから。だから、そうした問題は、確かに図書館の問題でもありますが、日本の知識人論にもかかわる問題として、これから大きな一つの議論のテーマにしていったらいいのではないかと思っています。

【塩見】ありがとうございます。レファレンスの地域による制約はそうかなと少し思いますが、それはおいておきます。伊藤さん、最後になると思いますが、先生ご自身が前半の話の中でも他の館種ということにちょっと触れられたり、あるいは国立国会図書館の部分は生涯学習、棲み分け、大学図書館の開放、このへんのあたりからもあったかもしれないし、それからアーカイブの保存のあたりのところは、先生でしたか、あるいは長尾先生だったか、そんなふうな国会がらみのお話もあったと思いますので、少しそのあたりについて、最後になりますが、お願いします。

【伊藤】まず、辻さんの話で言い訳しておかなければならないのですが、国立大学はもうそういうことはありません。昨年の4月から情報公開法が施行され、図書館の資料が情報公開の対象になると大変な話で、1枚20円払えば枚数制限なしでコピーしなければなりませんので、それから除外してもらうために、総務省にきちんと届けました。そのために、もちろん貴重書などで限定しているものは別ですが、少なくとも来館者にすべての資料を見せなさいということで、うちの大学の中央図書館は100万冊開架ですが、もちろん全部

見ることができますし、それから部局にあるものも、時間さえいただければ、取り寄せて館内でお見せします。それからこの10月からは、学部学生並みに市民にも本をお貸しするということになりました。貸出冊数については私はこれに少し反対だったのですが、図書館職員は一緒の方がやりやすいからということで、1回に5冊の図書が借りられるようになりました。格段に大学は開かれつつあって、敷居は低くなっていますので、試してみてください。ただし、東京大学と京都大学はまだ少し敷居が高いかもしれません。

　最初の電子図書館機能等でどう連携するかということですが、電子図書館機能というのは新たな効用が出てきますので、図書館がやるからといっても、誰かが費用負担しなくてはいけないと思います。国会図書館はちゃんと税金で運営されておりますので、ただでももちろん一向に構わないと思いますが、それ以外の大学や普通のところでやろうとすると、新しい効用に対して誰かが何らかの費用を負担しなくてはいけません。例えば、電子ジャーナルというのは、日本の大学図書館が、電子ジャーナルと冊子体に300億円払っているわけです。国が全部負担してくれれば、もちろん全部ナショナルサイトライセンスでできます。さらにその10倍ぐらい払えば、全国民が見ることができるということも可能かもしれませんが、そんなことは期待してはいけませんし、非常に危ないです。お金がありますからやってくださいと国が言って、その次の年には予算がなくなりましたからやめましょうということになりますので。みんなが自助努力をしなければいけません。ただし、連携して、例えば明治時代の著作権の切れたものの電子化は、国会図書館にぜひともやっていただいて、世界にオープンすればいいわけで、大学図書館が分担して電子化するなんていうことはできない話です。自分のところが持っている貴重なものだけを、費用の範囲内でデジタル化して、全体で連携してみんなで作ればいいのです。他の人がやったものをまたやるなんていうことにならないようにしなければなりません。一部の大学でそれをやっていまして、非常に良くないという話をしています。みんなが頑張らなければいけないのですが、特に国会図書館に頑張ってほしいところは、そういう日本の文化資産を皆さんに公開していただくことと、あとはやはりアーカイブズです。雑誌や電子オンラインの情報についても、情報を発信しているところにきちんとアーカイブズをやりなさいと言っても全然だめです。先ほど、出版社が自分のところの目録も持っていないとおっしゃっていましたが、大学も同じで、たくさんホームページやデータを出していますが、10年後はほとんど何も残っていないでしょう。紙で印刷した方がまだ残る可能性が高く、電子情報というものは、貴重なものも雲散霧消して消えてしまう可能性が高いです。アーカイブズ機能は、お金も手間もかかりますが、1か所がやれば済む話ですから、日本の国会図書館が、全部は無理にしても、将来、本当に日本の財産となるようなものは、外国の国会図書館等と連携して、ぜひともやっていただきたいと思います。我々のできることは大学でもやっていきます。例えば、先ほどの電子ジャーナルでも、実は各大学がきちんとお金をサイトライセンスで払っているわけです。その中でしか見ることができませんが、実は出版社と交渉して、ウォークインユーザーには見せていいということをいつも交渉で確保するようにしています。ウォークインユーザーというのは、他大学の先生や一般市民のことです。ただし、商業目的、例えば、製薬会社の人が自分の営業あるいは研究のために来られて、それをオープンにできるかというと、それは非常に難しいです。ですから、そういう権利としてはあるのですが、うまく使わないと、さらにそういうことが制限される結果になります。

電子図書館機能は便利ですが、制約もありますし、どこかがきちんと費用を負担しなくてはいけません。天下り的にどこかがやってくれるのを待つということでは仕方ありませんので、便利なものにはお金がかかるという意識は絶対必要だと思います。以上です。

【塩見】ありがとうございました。それでは、村上さん、もう時間がないというよりも、超えているのですが、前半の講演としてのお話、あるいは長尾先生のお話も含めてもらってもいいと思いますが、それらを通じて、そして先ほどからのやり取りで、これからの図書館のあり様ということを考えていくなかで、今回、この学研都市に生まれた国会図書館関西館に関して、当面目指しているものについては既にお話しいただいているわけですが、先ほどからの話の中で特に出された部分について、先ほどのお話の中でもう大体そのことは触れているということでしたら、時間もありませんので、省いてもらってもいいかと思いますが、あと少し残っていそうな部分について、ぜひとも残すべきアーカイブとしての保存の問題、国会図書館では電子情報を納本対象にする、しない、という大きな課題もあると思いますので、最後になると思いますが、少し関西館の立場からご発言をお願いします。先ほどの開館時間の問題以外は、フロアの皆さんからあまり直接ペーパーでは出ていませんでした。図書館の場合には、博物館や美術館のように土曜、日曜にむしろやりますということにするとまずいのですか、という問いなので、その答えも含めていただいて、最後にご発言をお願いしたいと思います。

【村上】まずアーカイブの話ですが、先ほど説明しましたように、ネットワーク系出版物・電子情報を納本制度に組み入れるかどうか、組み込めるかどうか、いかに組み込むかという問題は議論しているということで、ただ方針としては、すべてのものは集められませんから、選択的な収集になると思います。先ほど、10年ぐらいで雲散霧消というお話がありましたが、ネットワーク系出版物の収集について、納本制度審議会で第1回目の議論が行われた時に面白いエピソードが紹介されていました。アメリカで大統領が変わった時に、ホワイトハウスがその前のクリントン、ゴアの時代に作られたウェブを一晩で全部消してしまったのです。その消された内容は、現代史にとって比較的重要な資料でした。消されるのではないかという懸念があったので、研究者がいろいろと集めてみたけれど、結局リンクが切れてしまってどうしようもなかったという話も紹介されていました。事故もありますし、そのような政治的な事情もありますし、意味を十分理解していないということがあって消えてしまう、雲散霧消してしまうという恐れが非常に大きいわけです。文化資産としては、特に国内で作られたものはアーカイブに保存する、固定化をするというように、そのへんは積極的に進めていきたいと思っています。

　電子情報の保存では、長期的に保存するにはどうしたらいいかという技術的な問題があります。今、図書館資料の保存は、主にマイクロフィルムで行われており、これは保存条件さえ良ければ500年間はもつといわれていますが、ではその後どうするのかという問題もあります。電子情報についても、よく言われることですが、読み取る機械がなければ読み取れない、OSが違うと読み取れないということがあって、これを普遍的にこれから相当長期にわたって保たせるようにするにはどうしたらよいかが課題です。長期的に保存する価値がある資料なのかどうかということは、実は時代を経ないとわからないのです。今、

奈良、平安、江戸時代に和紙に書かれた資料が残っていますが、歴史の研究者にとっては重要な資料です。ですから、現在ウェブで流れているものの中にも歴史的にそのような重要なものがかなりあるだろうという意識は、図書館として基本的に持っています。アーカイブには技術的な問題と制度的な問題がありまして、これも国立国会図書館だけでは解決が難しいところがありますので、皆さん方と連携しながら進めていきたいと思っています。

　辻さんのお話の中で、開架図書の重要性ということがありました。長尾さんは自動書庫にはブラウジング機能がないことを指摘されました。関西館では、閲覧室は別としまして、自動書庫では、収蔵能力を高めるために、主題による分類排架という考え方をとっておりません。ある程度大きさで分類して、あとは到着順で排架します。ですから、自動書庫ではなく、これを普通の書架に並べても、分類排架ではないので、接架利用が十分にできないという現状があります。東京本館の場合には、基本的には国会サービスあるいはレファレンス・サービスのために、調査局の調査員やレファレンス系の司書が書庫に入って調べます。書庫にいきなり飛び込んでたまたま見つけた本で解答が得られるということはよくあります。開架資料をブラウジングできる機能というのは重要なのですが、関西館の書庫資料に限れば、残念ながらそういう考え方はとっておりません。それを電子的に行う手段については、今後の検討課題になると思っています。また、電子図書館がいくら発達しても、本の現物を見る、図書館に通う、出かけて調査をするという、図書館という場所に対する利用者の基本的な要求、希望は残るだろうと考えています。

　先ほどお話に出ました、日曜日にも開いてくれないかということですが、今のところ、国会図書館全体として、土曜日は全部開こうという方針を立てていますが、その先については、今の段階では何とも申し上げられません。利用者からの要望というのはよくわかりますが、一つは全体のコスト配分の問題があって、永田町にしても、この精華台にしても、ここに通って調べ物ができる、来館して図書館が利用できる利用者というのは限られています。国の図書館としては、長期的に資料を保存して、現在の利用者と将来の利用者の両方へのサービスを考えなければなりません。それから、全国的にサービスするという部分の比重を考えますと、開館で使うエネルギー、コストについては、できる限り広く国民に還元しようということもありまして、遠隔サービスの方を充実させていきたいと思っています。日曜も開いてほしいという利用者の要望は理解できますが、実現については、費用面・予算等の問題があり、今のところは何とも申し上げられないということです。

【辻】将来はよろしくお願いします。

【伊藤】大学図書館の方がずっと進んでいますよ。うちの図書館は土、日曜日も開いていますし、要するに休館日は月に1回だけです。相当ひどい目にあっていますが、とっくにやっているということです。

【村上】ほかに課題として示されましたのが、連携・協力ということです。これについては電子図書館を例にとると、県立レベルあるいは大きな市立図書館では、郷土資料の電子化という事業もかなり進んでいるというように聞いています。おそらく、電子化資料の目

録の作成、それから電子化するにあたってのさまざまな基準・ガイドラインの作成や調整が当館の役割になると思いますが、日本全体でこのような電子情報のコレクションを一元的に示すといいますか、利用できるようにする試みがこれからは重要になると思われます。既存の図書館資料と同様に、ウェブ上に出てくるデータベースや電子情報についても、一覧できるあるいは検索できるような統一的な示し方をすることは今後の課題だと考えています。もう一つ、津野さんからご指摘がありました、図書館はかなりのことをやっているにもかかわらず、それを広報する、アピールする力がないのではないかということは、まさにご指摘のとおりでありまして、これからは、積極的にサービスの広報を進める必要があると思います。

　11月から雑誌記事索引を540万件公開していますが、予想に反して利用が多くありません。これからのPRでおそらく利用が進むと思いますが。このデータベースについては、数年前まで、国の財産であるデータベースを無償で一般国民に提供していいのだろうか、要するに国の財産だから使用料をとるべきではないかという議論が館内で行われていました。一方で、そういうことはないだろう、国の税金で作ったものをどうして無償公開してはいけないのだという主張もありました。ようやくこの10月、大々的に無償で公開できたことは非常に大きな進歩だと思っています。これは図書館だけではなく、ウェブ上でかつては無料で見られるはずのなかったデータや情報が今では無償公開されています。そういうなかで、今回、書誌データベース、それから、あまりわくわくするものはないと言われましたが、明治期のデジタルコレクションを公開いたしましたので、ぜひ活用していただきたいと思います。デジタルコレクションや電子化については、著作権処理という大きな問題があり、今回の明治期刊行図書の公開については、著作権処理のコストが相当なものになりましたし、今後もそれは続くだろうと思います。著作権についても長い目で見ればという指摘がありましたが、我々としては、そのへんをクリアーしながらデジタル資産を増やしていきたいと思いますし、今後、この方向については我々も努力を続けていきたいと考えています。

【塩見】 どうもありがとうございました。今、50分を少し回ったところで、相当時間をオーバーしましたので、もう少しお聞きしたいという思いはありつつも、もういい加減止めてもいいのではないかと思う方もいらっしゃると思います。皆さん、本当にありがとうございました。最後に、何か私が話をして終わらなければならないと思うのですが、その時間をたぶん皆さんはあまりお認めにならないだろうと思いますので、1分か2分の感想に留めておきたいと思います。今、村上さんが最後に触れられた雑誌記事索引のウェブ上の公開ということについては、国のお金で作ったものを、お金を出して買わないといけないとは何ということだとずいぶん前に言った人もいるんですよね。それだけに、あれが利用できるという話になって、私も実際に覗かせていただいて、やはり一つの大きな時代の変化というか、転換を感じました。長尾先生が午前中のお話の最後のあたりで、ファンタジックな世界うんぬんとおっしゃったので、えっという感じがしたのですが、まさにそういう部分を技術が生み出し、そこに一つの融合や結合が生まれる。単に今まで手作業だったものがこうなりましたというだけではない、もう一つ超えた技術に対する心、まさに文化といった部分が可能になっていく。そういうところで技術が積極的に生かされていく。もっ

と言えば、どなたかのお話にも出てきた、積極的に阻害をなくしたり、克服したりするところに技術が生かされる。それが新しい電子機能の図書館が切り開いていく再設計であるという展開などが、限られた時間の中でしたが、今日の皆さんのお話にあったし、それぞれがそういうものを確かめられたし、そしてそれを実行したところが、まさにそういう図書館をこれから作っていこうという、この関西館であったということは大変大事なことだったでしょう。とりわけ、関西館の皆さんは、今日、記念シンポジウムとしてこのテーマでこのように話し合われたということを、ぜひこれからの関西館の活動の中に踏まえていっていただきたい。図書館というところは、誰かが頑張って一生懸命いいものを作って、いいものができたら行ってみようというところではないと思います。おそらく、使いながら、それぞれの思いが一つのものを作り上げていくという、まさにそういう意味ではゴールのない創造の活動というのが図書館づくりだろうと私は普段から思っているわけです。今日の議論を下敷きにしまして、この新しく誕生した国立国会図書館関西館というものを、みんなで創り上げていくと実感できる記念の集いを持てたということが確かめられたらいいのではないかと思います。時間がありませんので、大変言葉足らずですが、シンポジウムの結びにさせていただきます。どうも皆さん、長時間のご協力ありがとうございました。フロアの皆さん、ご協力ありがとうございました。

第2回

国際交流と図書館

2002.12.14

主催者挨拶

国立国会図書館関西館長　安江　明夫

　皆様、おはようございます。お寒い中を本日はご来場いただきまして、ありがとうございました。国立国会図書館関西館開館記念シンポジウムの第2回でございます。本日は「国際交流と図書館」をテーマといたしましたが、最初にこのテーマを設定するにあたって考えたことを、二、三お話しさせていただきたいと思います。

　皆さんは、ハリー・ポッターという魔法の力を持った少年のことをよくご存知だと思います。書物というもの、それから書物を集積し保存する図書館も、ハリー少年に劣らず不思議な能力を持っております。それは端的に言えば、時空を越える能力、時間と空間を越えて人と人を結びつける能力、そんな能力です。実際、書物と図書館は、これは私が言うまでもないことでございますが、国際的な文化交流において、大変重要な役割を果たしてきましたし、現在も果たしています。この書物の力、それから図書館の役割あるいは責任については、国際的な文化交流がますます重要になってきているこの時代に、改めて再認識する必要があると考えました。

　二つ目は、これと関連いたしますけれども、実は、書物が広く共有されるということを一つの目標として、世界中が協力して図書館を育て発展させてまいりました。日本においてもそうですし、諸外国の図書館についても、やはりそうです。この点は、インターネットに代表される書物とは違った新しい情報環境の中で、図書館が新しい仕組みを必要としているこの時期に、もう一度振り返って考えるべき問題と考えました。

　三点目はこの関西館の建設目的に関わっております。今年10月に開館した関西館でございますが、この関西館は、21世紀という国際化時代の国立国会図書館のあり方、これを強く意識して構想されました。国際的な文化交流、あるいは国際的な情報流通の中で、日本の国立図書館がどのような役割を果たさなくてはいけないかを議論し、計画に組み入れていったわけでございます。それが本日のテーマの下敷きになっております。

　「国際交流と図書館」はなかなか難しいテーマでございますが、講師の先生方に幅広くお話しいただき、あるいは議論していただきたいと考えております。本日は、午前の特別講演者として、国際日本文化研究センター所長の山折哲雄先生をお迎えしております。また、午後の部の講師として、米国の図書館・情報振興財団理事長、ディアナ・B・マーカム先生、日本図書館協会理事長の竹内悊先生、国際交流基金人物交流部受入課長の洲崎勝さん、そしてトヨタ財団プログラム・オフィサーの姫本由美子さんにお越しいただいております。それから、午後のパネル討論のコーディネーターは、同志社大学教授の渡辺信一先生にお願いいたしました。講師、司会の諸先生方には、大変お忙しい中をご尽力いただきまして、心からお礼を申し上げます。

　皆様のお手元にありますように、本日のシンポジウムは、昼食をはさんで、午後4時45分までの予定でございます。会場の皆様方には、最後までのご静聴をお願いいたします。

特別講演
アジアと日本の文化交流

国際日本文化研究センター所長　山折　哲雄

　皆様、こんにちは。本日は、国立国会図書館の関西館開館にあたり、その記念の会にお招きいただきまして、非常に光栄に存じております。安江館長をはじめ、関係者の方々には、心からお礼を申し上げます。今日、私に与えられましたテーマは、「アジアと日本の文化交流」ということでございます。新しい図書館の時代、世紀を迎えまして、アジアと日本の文化交流がどういう意味を持つか、そこまではお話しできないかもしれませんが、最近考えておりますことをいくつかテーマに取り上げまして、1時間ほどお話しさせていただきたいと思います。

捨身飼虎図と自己犠牲の精神

　実は私、5年前まで奈良県に住んでおりました。王寺というところに女子大学を造るという仕事がございまして、大学立ち上げのため、最初の3年間だけ居住いたしました。その新しい大学のそばに、日本最古のお寺、法隆寺がございます。実は、その法隆寺に伝えられております、ある宝物、つまりたからもの、文化財と言ってもいいと思うのですが、それについて以前から関心を持っておりました。それを調べることもできるということが、奈良に参りました楽しみの一つでございました。これは皆様もご存知のことですが、法隆寺には、国宝にもなっている、聖徳太子所縁の玉虫厨子というものが伝えられておりますが、その玉虫厨子の側壁、つまり側面の一つに、有名な捨身飼虎という仏教絵画が描かれています。捨身飼虎というのは、自分の身体を捨てて、飢えた虎に食べさせる、飼虎、つまり虎に食わせるという意味ですね。飢えた7匹の虎に対して、サッタ太子という人が自分の身を投げ出して、その肉を食らわせるという犠牲の物語です。サッタ太子というのはお釈迦さんの前世の姿です。あるいはお釈迦さんの修業時代の姿と考えてもいいと思います。この物語は、すでに西暦前後の頃だと思いますが、インドの仏典に出てきます。金光明最勝王経といった経典にも語られております。あるいは、ジャータカ物語、前世物語、釈迦の前世物語といったストーリーの中に出てまいります。極めて有名なお話です。
　この捨身飼虎、虎にわが身を食べさせるという物語は、もう戦前から、小学校や中学校の教科書に出ております。皆様もよくご存知のストーリーでございます。簡単にその物語を申し上げますと、絵は三段構成になっており、上段、中段、下段となっております。一番上の段には、このサッタ太子、若々しい肉体を持ったサッタ太子が上着を脱いで、上半身素っ裸になっている絵で、中段は、そのサッタ太子が宙に身を投げ、虎の犠牲になろうとしてダイビングをしている美しい姿ですね。一番下が、地上に落ちたサッタ太子の肉体に親子7匹の虎が群がって、その肉を食らっている残酷な絵であります。この上、中、下、三段構成になりました仏教絵画が、実はあの法隆寺の玉虫厨子という国宝、これは仏像を納めるための厨子なのですが、その側壁に描かれている。ほとんどの日本人ならば知っている物語ですが、実は私は以前から、この物語は果たして仏教の精神を真に表現したもの

であろうかという疑問を持っていました。お釈迦さんは、犠牲になることは説いておられても、このような残酷な姿で自分の肉を動物に食らわせるといったようなテーマを、積極的にお説きになっただろうかという疑問であります。古い経典を調べても、そういう意味のことが主張された箇所にあまり出会う機会はありません。これはひょっとすると、仏教以外の思想が、混入しているのではないか、これが私の10年来の疑問でありました。それで、その捨身飼虎の仏教伝統といいますか、犠牲の伝統、仏教の言葉で言いますと、布施と申しますね。布施をするという。布施の精神を表したこの絵画が、その後の日本における宗教史、仏教史、思想史において、どのような役割を果たしたか、どのような影響をその後の日本人の精神生活に及ぼしたかを調べてみたんですが、ほとんど手がかりがないのです。実は、鎌倉時代、13世紀に明恵という僧侶がおります。その明恵さんの自伝の中に、この話が積極的に取り上げられているぐらいで、この物語を素通りして、あるいは避けて今日まで来ているのではないかと邪推したくなるほど資料がない。法隆寺という、聖徳太子がお建てになった寺に伝えられている玉虫厨子に描かれた絵であるということだけで、日本人のすべてに知れ渡るような有名な絵になっていたのではないかと思うのです。

中央アジア石窟群の捨身飼虎図

　この仏教絵画というのは、インドから中央アジアを通って、中国に伝えられ、そして日本にまでやってきた、まさにシルクロードを通って日本に伝えられてきた、そういう文化財だと考えている私は、そのプロセスの中で、この絵は一体どのような扱いを受けていたのだろうと思い、調べてみたのです。幸いに、シルクロードには大石窟が点在しております。その石窟の中に、仏教絵画が壁画のかたちで、あるいは仏像のかたちで、彫刻にされたり絵画にされたりして、今日も残されています。例えば、大同にあります雲崗石窟、洛陽の石窟、敦煌の石窟、トゥルファンの石窟、キジールの石窟。いたるところに大石窟群が、ほぼ北緯40度線上に点々と存在しております。その大石窟群に描かれている仏教絵画を写真に撮り、解説をつけた全集が、わが国の出版社から出版されておりまして、それが平凡社の石窟全集ですね。代表的なものが、ほぼすべてにわたって再現されているわけです。それを調べてみました。飼虎図というのは極めて有名な絵でありますから、どの石窟にも出てきます。ところが、意外とその数が少ない。有名なわりには事例が意外と少ないということに、まず気が付きます。第二番目に、調査をしていて驚きましたのは、ある石窟に伝えられている捨身飼虎図の一番下の部分、サッタ太子が自分の身を投げ出して虎に食わせている残酷な場面を、泥で塗りつぶしている写真が何枚か出ていることです。これは一体どうしてだろうかという疑問が湧いてまいります。土地によって、あの石窟の多くは、顔が破壊されたり、はがされている部分がかなりあるのです。これはイスラム教徒がやったという説が一つあります。しかし、どうもイスラム教徒による破損の痕ではなさそうです。なぜなら、泥で塗りつぶされているからです。これについては実証はできないのですが、私の想像では、正視するに堪えない場面であったからではないでしょうか。写真で初めて見ただけでありますけれども、写真で見ていただけでも、上段、中段のあの美しい姿に対して、最下段の、虎に自分の身体を与えて食べさせている場面は、正視することができるものではない。法隆寺のものもそうなんですね。昔の教科書を取り出してみましても、上段中段は鮮明に写真で再現されておりますが、下段は、剥落した関係でしょうか、

ぼんやりとしか写っていません。子供の頃の私は、それをキチンと見ていなかったのでしょう。教科書を作る人が、あそこだけぼやかしたような写真にしたのかどうか、疑おうと思えばいくらでも疑えそうなのですが、よく見ると、法隆寺の捨身飼虎図でも、あの下段の部分は正視するに堪えない。それこそ、あの絵がその後の日本人に影響を及ぼさなかった一つの重要な原因ではないか。そのことと、中央アジアの石窟群に伝えられた捨身飼虎図の最下段が泥で塗りつぶされていたという事実が、どこかで関係するのではないかと思うようになったのです。これは一度、現地に行って確かめてみなければいけないと思いまして、1995年、今から7年前に中国にまいりました。そして敦煌を訪れました。ところで、その年は大変な年でした。まず、1月に阪神・淡路大震災が発生した。3月には東京でオウム真理教によるサリンのテロ事件が発生し、その秋にはイスラエルのラビン首相が暗殺されました。私は秋にイスラエルへ行ったのですが、帰ってきて3日後に、ラビン首相暗殺のニュースに接した。ですから、忘れることのできない年なんですね、1995年は。しかも、それ以後、日本人の宗教に対する考え方が180度転換したと言ってもいいかもしれない。仏教とかキリスト教に対する考え方に地殻変動が起こったと言ってもいいような、そういう年だったと思いますね。そんな年の5月に、私は敦煌に行ったわけです。私を案内してくださった方は、私が今、勤めております国際日本文化研究センターの客員助教授をしておられた中国人の方でございました。その方の案内と通訳で、見たかったものを見ることができたのです。敦煌にまいりまして、これも驚いたのでありますが、あの大石窟群では、現在、大変な数の研究者が導入され、その保存・修復のために大事業が展開されていて、3千人ぐらいの研究者が、あの敦煌石窟の、研究、保存、修理の仕事にあたっているということを知らされました。敦煌研究院という研究所がそこにございまして、院長さんの案内で、幾つかの捨身飼虎図、一般にはまだ公開していない捨身飼虎図を、何か所か見せていただきました。それは、私が日本を発つ前に、平凡社から出ております石窟全集の写真で確かめていたものばかりでございましたが、さすがに現地に行きまして、現実の捨身飼虎図、とりわけ、最下段の場面に目を近づけて見ました時に、そのあまりの凄惨な場面に、やはりたじろぎました。今、敦煌石窟では、中にライトを当てることができないのです。小さなランプのような明かりで、軽く光を当てて見るしかないのです。そのために、よけいその場面が凄惨な雰囲気を漂わせた。敦煌には、捨身飼虎図の壁画が12、3か所ぐらいしかありませんと院長さんが言っておられました。世界的に有名な絵画ではありますけれども、数が非常に少ないとも言っておられました。その時、なるほど、私が日本におりまして想像していたことを現地で確かめることができたという気持ちがいたしました。

キリスト教の影響？

　私は、敦煌にしか行っていないのです。その敦煌での体験を通して、私の心に浮かび上がってきた一つの仮説がございます。それは、あの捨身飼虎図には、もしかすると、キリスト教の影響があるかもしれないということです。イエス・キリストは、あのエルサレムのゴルゴダの丘で、十字架に掛かって犠牲になった。キリスト教は、まさにキリストの犠牲的行為によって生まれ、世界に広められていった普遍宗教だと思います。そのキリスト教の影響が、中央アジア、インドに及んで、インドで作られた仏教説話に出てくる捨身飼虎図に、何らかの影響、その爪跡を残したのではないかという仮説であります。そう思っ

て、いろいろ資料を調べておりました。残念ながら、これという資料はなかったのですが、ある時、私のその仮説を、中央アジアからインドにかけての仏教美術の専門家である、宮地昭先生にぶつけてみた。宮地先生は、現在、名古屋大学の仏教美術の専門家であり、ガンダーラ文化の権威でもあります。何度もガンダーラ地域を中心とした発掘調査をされている方ですね。そうしたら、驚きましたね。その宮地先生が、実はガンダーラ地方に捨身飼虎の線刻画があるよとおっしゃるんです。宮地先生のガンダーラ美術という本にはちゃんとそのことが書かれていたのに、私は気がつかなかったのですね。今のところ、それは一例ですが、パキスタンのペシャワールというところがあります。米国同時多発テロでアフガン反テロ戦争が現に行われていることはご存知のことと思いますが、そのアフガニスタンの目と鼻の先の所にあるのがペシャワールですね。そこはアルカイーダの本拠地の一つとも言われています。ハイバル峠を越えれば、すぐそこはアフガニスタンであり、バーミヤンの大石窟群があります。そのバーミヤンの大石窟群は、先ほど申しました、トゥルファン、キジール、敦煌そして雲崗に続く、シルクロードの幹線ルートの出発点とも言っていいところであります。そのペシャワールのすぐそばが、ガンダーラなのです。今から2000年前、このガンダーラの地において、仏像が初めて作られたわけです。インド文明、言い換えればインドの仏教文明、それから、西のほうから入ってまいりましたキリスト教文明、あるいはギリシア文明というものが、あそこで出会った。その結果、初めて仏像というものが作られることになった。紀元1世紀のことです。お釈迦さんは紀元前5世紀に活躍された仏教の開祖でありますけれども、しばらくの間は、その釈迦の像を刻んだり、絵にするということをしませんでした。それまでは、樹木で表したり、菩提樹で表したり、あるいは石で表したりしていたわけですね、釈迦の存在を。ところが、あたかもギリシア人がギリシア彫刻によって神々の像を刻んだように、このガンダーラの地で初めて、釈迦尊を形ある彫刻の姿にしたわけです。1世紀のことです。あそこはギリシア文明とインド文明が出会った、あるいはそれと同時にキリスト教の文明もそこに及んだに違いないということが、私の先ほどの仮説と結びつくわけです。キリスト教とインドの仏教が、あのガンダーラ地域で出会ったという証拠は、多くの先達が明らかにしていることであります。そのガンダーラの周辺部分には大きな岩があって、宮地さんはそこに捨身飼虎の線刻図があるというのです。これは線刻でありますから、マンガチックな絵なんですね。しかし、明らかに地上に倒れているサッタ太子の体の上に親子の虎がのしかかって、その肉を食べている図であります。線刻でありますから、それほど凄惨な雰囲気を漂わせているわけではありません。しかし、そこに、つまりガンダーラ仏が作られた場所の近くに、捨身飼虎図が彫られて描かれているということは、疑いようのない事実です。そこで私は、心の中で密かに歓喜の声をあげました。今まで仏教絵画の代表とされてきた捨身飼虎図は、実はその思想の中心にキリスト教の犠牲の精神があり、その起源はガンダーラだった。我が法隆寺の仏教文化は、シルクロードの終着駅だとしばしば言われております。そのシルクロードの終着駅に残されていた捨身飼虎図の始発駅はどこか。それはガンダーラ。捨身飼虎図は、まさにインド文明とギリシア文明、中国文明が接触する十字路で発生し、この我が国日本の、奈良の地の法隆寺まではるばる伝えられたというわけであります。

北緯40度線で出会う諸文明

　最近は、だんだん話をする時に大風呂敷を広げる癖がついてまいりました。私も72歳でありまして、70を超えたら、少し大げさなことを言ってもいいだろうと自らを慰めているのですが、そういうふうに私のイマジネーションが自然に広がっていったのですね。私はその時、驚きました。北緯40度線の持っている不思議な意味に気付いたからです。北緯40度線というのは、まず東から行きますと、北京が北緯40度線です。そこからちょっと西のほうに行くと、大同、かの雲崗の大石窟があります。ここまで来ますと、万里の長城は目と鼻の先ですね。さらに雲崗の先のほうに目を向けますと敦煌が現れます。さらに中央アジアに入りますと、キジール、トルファン。これが大石窟群、仏教遺跡の大きな中心。タクラマカン砂漠をずっと西のほうにまいります。そして、パミール高原を越えてアフガニスタンに入る。ちょっと南下したところにバーミヤンの石窟があります。バーミヤンは北緯35度線ですね。少し南に逸れています。しかし、インドに発生した仏教は、あのガンダーラ地方を越えて、パミール高原に出、そのプロセスの中でギリシア文明に出会い、中央アジアを通って日本まで伝えられてきた。そういう道筋が見えてくるのです。ちなみに、北緯40度線をさらに西へ伸ばしていくと、どこに行くでしょう。イスタンブールに行くのです。ヨーロッパとアジアの接点、そして東西文明の十字路と言われた、あのイスタンブール。さらに地中海を横切っていきますと、イベリア半島。なぜ北緯40度線なのかというのが次の問題になりますが、不思議なことに、そこには大石窟群が分布している。考古学の専門の方に伺いますと、北緯40度線というのは、環境考古学上、気候変動が激しく起こったところであるということです。このへんの話は、私の専門ではありませんので、深入りする必要はありませんけれども、環境考古学の世界でも、北緯40度線は重要なポイントであると言われているようであります。それから、学際的と言いますか、総合的な共同研究によって明らかにしていくと、また面白い問題が出てくるかもしれません。2000年前、その北緯40度線から35度線にかけて、世界三大文明が出会い、ガンダーラ芸術という、素晴らしい文化的な達成が実現されたにもかかわらず、2000年の今日、なぜあそこで戦争が起こるのか。なぜ民族紛争が発生するのか。これも歴史上の皮肉な問題ですね。近年、アメリカの国際政治学者である、あのハンティントンさんが、『文明の衝突』という本をお書きになって、21世紀は文明が衝突する危うい時代になるという予言をなさった。文明と文明が衝突するフォルトライン、断層線があると彼は言っております。その断層線、フォルトラインの一つが、まさにあのガンダーラ地域、そしてもう一つがパレスチナと言ってもいいかもしれません。このことは、どうして2000年の歴史がそういう悲劇的な物語を演出したのかという問題にも繋がります。今こそ、アジアの文明、仏教文明、中国文明、ギリシア文明が出会った時の融合のかたちというものを考え直す時が来ているのではないかというところまで、私の想像は広がっていくのです。そのため、しばらくの間、私は、捨身飼虎図がキリスト教の犠牲の思想の影響を受けた絵だと思い込んでいたのであります。

北方狩猟民族の動物解体の思想

　ところが、実はそう考えるのはまだ浅はかであるということを、やがて私は教えられることになりました。もう一人、中央アジアの仏教美術について長い間研究してこられた、上原和先生という方がおられます。東洋芸術がご専門の、成城大学の教授だった方でござ

いまして、この上原和さんが、法隆寺の総合的研究に長年の間取り組んでおられ、とりわけ、玉虫厨子と捨身飼虎図については、実に詳細な研究をなさって、その研究成果を大きな書物にして出版していらっしゃいます。あまりに大きすぎて、私はそれを見ることができなかった。その上原さんの論文を必要に迫られて読んでおりますと、そこには大変なことが書いてありました。実は上原さんも、法隆寺に伝えられた捨身飼虎図が、どうも純粋な仏教精神に基づいた絵画ではなく、それとは異質の思想、異質の感覚がにじみ出ているように思えてならず、以前からそれはなぜかという疑問に取り付かれていたとおっしゃるのです。そして、中央アジアを通って日本に伝えられた様々な仏教絵画の研究を通して、最後にこういう結論を出されたのです。それには私も驚きましたが、あの捨身飼虎、自らを虎のために犠牲にするというあの物語の背景には、北方の狩猟民族の文化の反映が認められると書いておられるのです。私ははっとしましたね。なるほど、狩猟民族。中国文明史をさっと読んでいっても分かるのですが、北緯40度線というのは、北方の遊牧民、狩猟民が、中国に入ってくる時のちょうど入り口にあたる緯度なのです。中国で帝国を築き上げた北方遊牧民達は皆、この北緯40度線、それはつまり万里の長城の線と言ってもいいかもしれませんが、それを乗り越えて中国に入ってきて、征服王朝をつくった。先ほど、大同の雲崗石窟のことを申しましたけれども、雲崗石窟、偉大なる仏教遺跡を作り上げたのは、北方遊牧民、狩猟民の流れを汲む、北魏王朝でした。外部から押し寄せた征服王朝なのです。その北魏が創った仏教文化は、遠く日本まで及び、法隆寺を中心とする日本の寺院に祀られている仏像の中には、その雰囲気を残しているものがあります。例えば、半跏思惟像ですが、中宮寺の半跏像は、椅子に座って片一方の足を反対側の腿の上に載せています。この中宮寺と、京都の広隆寺の半跏思惟像。なぜこの二体の仏像は椅子に座っているのか。インドの仏教の仏さんたちは、皆、地上に腰を下ろしてお座りになっているのに、中宮寺の半跏思惟像は椅子にお座りになっている。単純な疑問です。でも、雲崗石窟に行くと、実は椅子に座っている仏像はいたるところにある。ああ、ということは、日本の奈良に影響を与えたのは北魏の仏教だと、座り方一つでわかるのですね。あの北方遊牧民というのは、平生は馬に乗って移動する。休む時は馬を降りて休息を取るため、ポータブルチェアーをいつも持っている。折畳み式ポータブルチェアーですね。それを開いて地上で腰を下ろす。これは遊牧民の日常生活の用具だということを主張した、藤田豊八という東洋史の先生がおいでになります。なるほどと思いました。そういう遊牧民の日常生活と、あの雲崗石窟に彫られている仏像が椅子に座っていることとは、密接な関係がある。それが日本に伝えられたわけです。半跏思惟像。それ以前にも、埴輪の中には、椅子に座っている巫女の像がありましょう。日本の考古学の水準では、あそこに仏教の影響があるとまでは言っておりませんが、「ひょっとすると・・・」と私は睨んでいる。仏教と共に、椅子に座る仏像と共に伝わった文化というものが、あの椅子に座る埴輪の巫女像を生み出したのではないかというわけです。奈良に来てそういうことを言うと、考古学者の方からお叱りを受けますから、このへんにいたします。文化の交流というものは、意外なところに、意外なかたちで見出すことができるのではないかということですね。つまり私が申し上げたいのは、北緯40度線というのは、北方狩猟遊牧民の文化と南方の農耕文明というものが接触した、そのぎりぎりのラインではないか、非常に大雑把に言ってそういうことなのです。だから、シルクロードを通って様々な文物がアジアから日本に伝えられた時に、ユー

ラシア大陸の北方民族の、様々な文化的な影響を受けたということも当然考えられます。上原和さんはそこに着目されたのですね。つまり、自分の身体を飢えた虎のために犠牲にする、食べさせるという発想の奥には、動物解体を生活慣習にしている、北方狩猟民の文明が存在しているのではないか。これが上原仮説であるわけです。私はびっくりいたしました。今までと言うか、それまでと申しますか、捨身飼虎図には、キリスト教の犠牲の精神、思想というものが反映されているのではないかと思っていたところへ、この上原仮説です。これは圧倒的な迫力で、私の胸元を突き刺しました。ひょっとするとこちらかもしれない。そう思ったのです。

捨身飼虎図における文明の交流と共生

　しかし、そこは、私も狡猾でありましたから、もう一つ考え直してみた。キリスト教の犠牲の精神と、北方狩猟民の動物解体の思想、生活文化のその両方が、捨身飼虎図に影響を与えるというふうに解釈することもできるのではないかということであります。このへんが仮説としては安全ですよね。最近はそういうふうに言うようにしている。一応、そういうふうに仮説を立てますと、法隆寺まで伝えられた捨身飼虎図の背景には、ギリシア文明、キリスト教文明、インド文明を中核として、さらには北方狩猟民の文化という、様々な文化的な波動が統合されていると言えるのではないか。日本に伝えられた文明、文化の面白さ、魅力、深さ。2000年、3000年の歴史を考えて、初めて明らかになるような深みのある文明というものが、少しずつ浮かび上がってくるのではないか。こういうことであります。実は、その上原仮説と、宮地さんに教えていただいた、ガンダーラ地方の線刻画、この二つのインパクトによって、私の推論は次第次第に膨らんでいくようになります。ある時はっと思いついたこと、これはですね、ある動物学者の人とお話ししていた時、具体的に言いますと、河合雅雄先生とお話をしている時に得たヒントなのですが、河合雅雄先生は日本の猿学の権威ですよね。霊長類研究の第一人者です。いつか私は、河合先生にこういう質問をしたことがあるのです。猿の研究では、日本は世界一だ。もちろん外国でも猿の研究はいろいろしているわけですが、とにかくその研究水準の高さは世界一。あまり世界一、世界一と言わないほうがいいのかもしれませんが、現実にそうだと思いますね。類人猿研究。その議論については、あまり直接にお答えいただかなかったのですが、私の考えでは、日本の伝統的な思想の中には、輪廻転生の思想がある。その輪廻転生の思想で、人間は猿に生まれ変わる、虎に生まれ変わる。いろいろな動物だけではない、植物にも生まれ変わるというのが、仏教的な輪廻転生、あるいはインド的な輪廻転生の考え方であります。つまり人間と猿との関係は、これは同類項なのです。ところが西洋の進化論的考え方からすると、人間は猿から進化した。猿と人間は異質の存在なわけですね。この違いではないかという仮説を私は持っております。どちらがいいとか、どちらが悪いとか言っているのではないのですが、やはり1000年とか、2000年という文化的な伝統というものが、現代における最先端の科学の研究に何らかの影響を及ぼすだろうという考え方ですね。日本の猿学の背景には、輪廻転生説。一方、ヨーロッパの研究の背後には進化論。そういう差が、日本人は猿が好き、猿が好きだから猿の研究も盛んになるという関係になっているのではないか。これは私の独断かもしれませんが、そういう話をしている時に、その狩猟民文化とは何かという話になりました。その時考えつきましたのは、狩猟民文化、あるい

は文明と言ってもいいですが、狩猟民文明と農耕の文明の決定的な違いが少なくとも一つだけある。それは、食物連鎖の中に人間が組み込まれているかいないかだということです。つまり、狩猟民の世界では、人間は、動物の狩をして、殺して、その肉、皮、骨、そのすべてを利用する。それと同時に、動物も人間を襲い、人間を殺し、人間の肉を食べる。つまり、人間と動物の関係が食物連鎖の中に入っておりますから、対等の関係と言えましょう。食うか食われるかの対等の関係、ギブ・アンド・テイクなのです、人間と動物が。そういう関係から、例えば、動物解体の生活慣習と、捨身飼虎図における、あの自分の身体を動物のために差し上げる、差し出すという行為が、連続的な問題として出てくる。そういうことを私は背景においているわけです。食物連鎖の中に人間が入っている、そういう関係ですね。それは、狩猟文明の重要な特色です。しかし、やがて農耕文明になる段階で、人間は、その食物連鎖の輪の中から人間だけを脱出させる。人間は動物を殺して食べてもいい、しかし動物は絶対に人間を襲って殺してはいけないというモラルを、人間中心主義の立場で作り上げてきたのです。これは大きな精神革命ではないかと私は思いました。それが北緯40度線の問題につながってくるわけです。

　今、どうでしょうか、この地球上にはいろいろと困難な問題が発生しております。温暖化の問題、砂漠化の問題、飢餓ベルト地帯の拡大の問題。大気汚染の問題。あるいはエイズ等々の病気の問題。これらが地球規模で起こっております。そういう様々な問題を抱えた地球が、人類とどのように共存していくかということが、これからの大きな課題です。共生という言葉がそこから出てきたと思いますが、そういう時代になって、ひょっとすると、我々が最も多くを学ばなければならないのは、農耕文明からというよりも、狩猟文明からかもしれない。人間と動物が対等の関係で生きていく。人間も食物連鎖の中の一部だという、そういう自覚の中に生きていた頃の文明の意義、それをもう一度考え直し、これからの自分達の生き方、さらには地球と共生する生き方にそれをどう生かしていくかについて考えていく時期に来ているのではないかと思うわけです。環境問題の主要なテーマになるのではないかというのが、私の考えです。わが国では、その出発点が、千数百年前の捨身飼虎の絵に既に表現されている。そういうかたちでの歴史の再発見があってもいいのではないかと思います。これで、結論のようなことを申し上げたのですが、最後にもう一つ、蛇足として付け加えさせていただきます。

宮沢賢治と狩猟民的感覚

　北緯40度線を、さらに東のほうまで伸ばして、日本列島まで伸ばしていくと、日本列島のどのあたりを通るだろう。どこを通るとお思いになりますか。奈良は通らないのです。奈良は北緯35度線です。バーミヤンと一緒です。実は、東北地方の岩手県北部を通るのです。北緯40度線、私はその岩手県の出身であります。最後にどうしてもお国自慢をやりたくなるのですね。岩手県から関西に出てまいりますと、寂しいですよ。東北の人にお目にかかることが非常に少ない。まして岩手県、と言うか、私のふるさとである花巻の人なんかにお目にかかるなんて、何年かに一度です。戦後は、「お前、どこの出身だ」と言われれば、「花巻です」と答えるのですね。すると、「ああ、花巻温泉のあるところか」と言われます。今でも花巻温泉はあります。でも、新幹線が通り、国際興業に買い取られて、つまらない温泉になってしまいました。昭和30年頃から変化がありましたね。「お前、どこ

の出身だ」、「花巻」、「宮沢賢治の生まれたところですね」という答えが返ってくるようになりました。よくぞ、それを言ってくれた。実は、私の実家から150メートルぐらい離れたところが、宮沢賢治さんの生家なのです。賢治の話は、子供の頃からよく聞かされておりました。両親からです。家族的なお付き合いがありまして、宮沢賢治の一番下の妹さんで、おしげさんという方は、私の実家の目の前の洋品店のおかみさんでした。その子供さんと、私は遊び友達でした。ですから、自然に賢治の作品に親しむようになりました。この国会図書館にも、賢治全集がもちろん入っているだろうと思います。

　その宮沢賢治でありますが、賢治の作品の中に、「なめとこ山の熊」という物語があるのをご存知でしょうか。これは、賢治の作品の中でも、最も優れたものの一つ、そして最も未来性に富んだ物語だと私は思います。老練な猟師が主人公。彼は、何十年と山に入って熊獲りをしている、熊獲りの名人です。彼が山に入っていくと、どこかで熊が見ている。熊の視線を感ずるわけです。狩猟民的な感覚ですよ。宮沢賢治という人は、農耕的な感覚というよりは、狩猟民的な感覚に富んでいた詩人だと思いますね。花巻というところは盆地です。花巻からさらに東に行くと、遠野があります。ここを舞台に書かれたのが、柳田國男の『遠野物語』でして、これはまさに、狩猟民的文化の伝承を編集したものですね。平地民には想像もつかないような、山地民の残酷な物語が、次から次へ出てくる。賢治の世界と、柳田國男の『遠野物語』の民族的世界を結ぶのは、その狩猟民的な感覚。今にして私は、強くそう思いますね。岩手県においでになって、北上台地に入っていただきたい。そこでは、すごい森林の奥深さが展開しております。それを子供の頃から賢治は身につけていたんでしょうね。そして、あの「なめとこ山の熊」という作品を書くのです。猟師が山に入る。猟師には熊がどこにいるかがわかる。自分をじっと見つめている熊の視線を感じることができる。けれども彼は仕方なしに、その熊を殺して食べる職業についている。そして、「俺は猟師。お前を殺さなければ生きていけない。お前を殺して、その肉と皮を里に降りて売らなければ生きていけない。許してくれ。今度生まれてくる時には、熊などに生まれてくるな」とつぶやく。殺した熊の前でそのように告白をする猟師です。やがてその猟師が、自分の命があまり長くないことを悟り、熊の前でこう言うのです、「俺はやがてこの世を去る。その時は、お前の住む穴の前に行って死ぬから、そのときは俺の身体を食べてくれ」。こう遺言するのですね。その言葉どおり、彼は命終わる時に、その熊の穴の前に行って死に絶える。これが「なめとこ山の熊」です。賢治のお話であります。

　私は、「なめとこ山の熊」の物語を読むたびに、法隆寺の玉虫厨子の側壁に描かれた、捨身飼虎の絵を思い出すのです。あの猟師の姿に重なって、眼前にサッタ太子の姿が浮かび上がってきます。いつのまにか宮沢賢治の精神が浮かび上がってくる。ガンダーラで生まれた捨身飼虎の精神は、北緯40度線を通って、日本の北緯40度、岩手県にやってきた。シルクロードの出発点はガンダーラ。そして、その終着点は宮沢賢治。必ずしも奈良県の法隆寺だけではありませんよ、ということを申し上げて、私の話を終わらせていただきたいと思います。

電子情報時代の国際交流

米国図書館・情報振興財団理事長　ディアナ・B・マーカム

国際的なアクセスービジョン

　このシンポジウムに参加できるのは私にとり大変名誉なことです。関西館という素晴らしい功績を成し遂げた国立国会図書館とその職員の皆様にお祝いを申し上げます。

　この新しいデジタル図書館が東京の印刷媒体を取り扱う図書館から少し離れた場所にあるのは適切だと思います。この新しいタイプの図書館は、電子技術を使えば誰でも探している情報を取得できるという強力なメッセージを日本のすべての国民に発信します。辺鄙な村に住んでいて文化的施設まで足を運ぶ機会がないユーザーも、コンピュータにアクセスするだけで、公的なリサーチを行うために、あるいは単に疑問に対する答えを見つけるために、豊富な情報を調べることができるのです。日本は、我々が大切な夢に到達することをデジタル技術がいかに助けてくれるかを認識している国の一つなのです。デジタル技術を使えば、物理的に存在する図書館1か所で探すよりも、ずっと多くの情報資源に幅広くアクセスでき、しかも、一つの国の中だけでなく、世界中へのアクセスが可能となるのです。

　その可能性が意味することを考えてみてください。我々世界中の図書館職員は、広い一般的なレベルで、単一の使命を共有しています。我々は、情報を探す利用者と彼らが必要とする情報をリンクしたいのです。デジタル時代の技術は、物理的障壁を減らし、我々の利用者は誰なのかという新しい意識を創出することによって、そのような使命を拡大し、共通の目的意識を強める機会を我々に提供してくれます。我々は、情報利用者に対し、それぞれの国の中だけでなく国際的にもサービスを提供することができるのでしょうか。世界中のデジタル図書館を結びつけることによって、あらゆる場所で人々のニーズを満たすことができる、一つの壮大な、かつ簡単にアクセスができる情報のレポジトリを開発することが可能でしょうか。

　理論的には可能です。しかし、もちろん、そのような夢を達成するには多くの障壁があります。技術的な難しさだけでなく、財政的・政治的・文化的・組織的困難が存在します。それでも、他の国のみならず、我々自身の国民に対する潜在的利益を考えれば、この可能性を考慮してみる価値があります。このプレゼンテーションでは、まず、デジタル情報を世界的にアクセス可能にする上での図書館間協力に対するいくつかの障壁について考察をします。次に、ローカル資源へのグローバルアクセスという我々のビジョンを実現する方向へ少なくとも進むことが可能であると私に実感させてくれるいくつかの進展についてふれます。

国際協力－障壁

　「国際協力にはその必要性と同じくらいの複雑さが存在している」と、私の同僚でもある、ハーバード大学のダン・ハザン氏がある記事で書いています。私が本日述べる問題点

の多くはその記事に基づいています[1]。彼の意見を参考にできることに感謝しております。

　国際協力を困難にしているものとしてまず最初にあげられるのは、国際協力に対する誘因が欠如していることです。各国・地域の標準規格や手順を用いた各種のシステムを統合するのが困難であるだけでなく、設置母体による財政措置があらゆる図書館において協力を困難にする原因となっています。設置母体の財政措置は、設置母体による管理を伴うものであり、設置母体に対するサービスが求められます。国立図書館でさえも、第一に立法機関へのサービスを求められ、国民へのサービスはその次となります。図書館職員が自分達のコレクションへのアクセスを世界的に拡大することを考えたとしても、予算を出す議員達は世界的なサービス提供にほとんど関心を持っていないのです。

　また、それぞれの国における図書館自体の違いによっても国際協力は妨げられます。歴史的記録や珍しい文書を含む、国際的にも関心の高い有力なコレクションを有する図書館もあれば、大学生のテキストのような、最も身近な利用者がすぐに利用できるような資料の収集にその限られた予算を集中的に充当している図書館もあります。自らのコレクションを整然と体系化している所もあれば、物理的に管理するのがやっとである資料を情報管理するために苦労している所もあります。もちろん、他の図書館より財政的にずっと豊かな図書館もあります。

　また、国により図書館職員には大きな違いがあります。世界中で図書館職員はその仕事を献身的に行っていますが、給与や研修機会の違いにより専門的技術水準に違いが生じています。デジタル図書館の開発と国際協力の準備には電子情報に関する概念と技術への理解が必要であり、それを図書館職員が習得するのが困難な国もあります。さらに、デジタル図書館を作るには、図書館職員が技術者や学者と力を合わせなければならないのは明確ですが、これらのグループの文化が時には協力を妨げることもあります。

　政治的障壁から離れてみても、単にアクセスサービスにそれほど興味を持たない図書館もあります。地域によっては、利用者が必要としていることを特定し、探し出すのを手伝うことに関心がなく、利用者に勝手にカード目録を使用させているだけの図書館職員もいます。

　さらに、国際的政策が図書館の状況に影響を与える可能性もあります。自国内での情報交換さえ支援していない国家もあります。情報アクセスの拡大と、それを行う新しい方法の開発に対してリーダーシップを発揮することを国家により否定されている国立図書館もあります。政治・経済の両面において国家が安定していないために、図書館職員が国際協力に必要とされる長期にわたる努力を行うのが困難になります。ハザン氏が南米や東南アジアでの例を挙げて述べているように、外部からの援助は、たとえそれが利用可能であっても、国内での支援が持続されていなければ、それを埋め合わせることはできません。それらの地域では、温湿度管理のできる保管設備がなく、またその他の継続的な手当がなされていないために、図書館が寄贈を受けたマイクロフィルムが劣化したり利用不能になってしまったりした国もあります。

　協力の結果、デジタル化された資料へのアクセスが提供可能な場合でも、保存は大きな懸念事項となります。ある図書館のデジタル資料を国際的にアクセス可能にしようと協力する試みには、その資料を読める状態で維持するという責任が伴います。紙が劣化するのと同様、電子的保存媒体も劣化します。しかもより早く劣化します。電子媒体に保存され

た信号も同様に劣化します。それも一定の割合ではなく劣化します。したがって、データは定期的に「一新」するか、古くなった旧式のプラットホーム、オペレーティングシステム、プログラムアプリケーションからデータを読み取ることが可能な新しい媒体へのマイグレーション（移動）を行なわなければなりません。もう一つの方法は、オリジナルをエミュレート（模倣）する、つまり、特定のシステムが作動するハードウェアを模倣するソフトを使うという手段を提供することです。いずれの方法でも、デジタルアーカイブの各コンテンツには積極的な管理が必要となります。印刷物と同様、ディスクやテープ、その他の電子媒体は管理された環境で維持されなければならず、その保存には印刷物よりも労力を必要とするかもしれません。そのコレクションが国際的に学者やその他の人々にとってどれほど重要であろうとも、図書館の職員が有していない、これらのすべてに対する資金とノウハウが必要となるのです。大変多くの図書館がそのコレクションをデジタル化し、より簡単に資源にアクセスできるようにしたいと望んでいますが、保存を目的とするデジタルファイルを維持するための実行可能な計画の開発を行ってはいません。

　書誌情報へのアクセスは、協力へのさらに基本的な鍵となります。国際的にアクセス可能にするためには、図書館の蔵書情報を詳細に記述する必要があり、すべての図書館がこれを提供しているわけではありません。一般的に図書館はその蔵書を目録による記録の形で記述しています。カード目録が一般的であり、蔵書のほんの一部のみしか機械化された目録の形で記述していない図書館が大半です。しかし、国際的にアクセス可能にできるかどうかは、目録をデジタル化する際にフォーマットを標準化するかどうかによります。デジタル化された目録を提供する多くの図書館が、米国議会図書館により開発された標準MARCフォーマットを使用しています。ユネスコが広く配給してきたMicro-ISISと呼ばれるフォーマットのような、MARCを使用しないデータベース管理プログラムも国際的に多く使用されています。目録標準の欠如は、資源共有に対する国際的協力を大きく阻みます。コレクションを適切に網羅した詳細記述がなされている図書館カード目録を、国際的に利用される総合目録に収録するためには、MARCのような標準フォーマットに変換する必要があります。これは多くの図書館にとって困難なことです。マイクロフィルムによる複写と同様、MARCフォーマットを採用するには、その作業を行うように訓練された職員と高価な機器が必要となります。

　最後に、協力関係にあるすべての図書館が同じような資源を所有しているわけではないという事実が協力の障壁となります。主に恩恵を受けるのは、協力者のうちでもより豊かで技術的に進んでいる者であるという実例を、あまりに多くの共同プログラムで世界はこれまで目にしてきました。協力者のうち自分たちのニーズは二次的に扱われるであろうと感じる潜在的な人達がそのような国際的合意への加入をためらうことを、決して責めることはできません。このような分離は、「持つ者」と「持たざる者」との間のみにあるわけではありません。図書館コレクションへの世界中からのアクセス実現の見込みについて、「Cooperating Across National Borders（国境を越えた協力）」の中で興味深く表現した英国人、フレデリック・J・フレンドの言葉によると、成功の条件には「それぞれの国家の文化を尊重する」ことが含まれるでしょう[2]。

国際的発展ー見通し

　今お話ししたような目録に関する障壁のせいで、世界中で継ぎ目なく相互連結した図書館という夢を達成することは不可能のようにみえることでしょう。しかし、夢を可能にした情報技術が、我々の難問のいくつかを克服することも助けてくれる可能性があります。そして、多くの国とその図書館における前向きな変化が希望を与えてくれます。さらに、人々が可能性を認識するにつれて、それに対する需要が高まります。多くの国の人々が、外国旅行やインターネットの探索を通じて、様々な可能性、つまりデジタル図書館開発の恩恵について学習しています。同時に、多くの営利団体が世界に焦点をあてており、そのためにグローバル・コミュニケーションが促進されています。さらに、教室で情報技術を使用するなどの、少なくとも世界の一部で起きている教育・研究における前向きな変化が、図書館のコレクションとサービスの向上に拍車をかけることになります。

　日本は、世界の他の発展国と共に、国民のためのデジタル図書館創設に真のリーダーシップを示してきました。そして、世界の様々な地域において、技術的理解と研修のような、ノウハウという重要な要素が拡大しています。インターネットは、デジタル図書館の連結を可能にするだけでなく、標準化とその手段に関する情報などの、デジタル図書館の開発に際して使用する情報への容易なアクセスを提供します。電子雑誌の購読や他の電子文書の配給サービスを利用している大学・研究機関の図書館は、既に共同で国際的情報交換の可能性を開発しつつあります。

　国際標準と試験済み技術に関する図書館職員の認識が深まるにつれて、彼らは同時に、統合的図書館システム、書誌ユーティリティ、それらの標準を取り入れたその他の製品・サービスについても学習することになります。ワークショップ、デモンストレーション・プロジェクト、公式教育プログラムなどの開催が参加者の見識を高めるとともに、彼らが自らの組織で情報技術を使用するようになり、他の機関との協力を行う準備が整っていきます。

　国際的に運営されている資金提供機関がそれらの活動を奨励しています。米国やカナダ、ヨーロッパ諸国、そして日本に本拠を置く財団が国境を越えて様々な図書館に援助を提供してきました。例えば、情報通信のための日本信託基金[3]（The Japanese Fund-in-Trust for Communication and Information）は、ユネスコ（国連教育科学文化機構）・バンコック事務所が発展途上国において図書館・情報関連人材のための情報通信に関する訓練パッケージを開発できるようにしました。米国からは、アンドリュー・W・メロン財団が自国のみならず海外での情報技術開発に対して支援を行ってきました。メロン・マッカーサー財団からの補助金により、南アフリカの17大学、旧ソ連邦の23大学が、米国で開発された電子フォーマットの学術雑誌のデポジトリであるJSTORにアクセスできるようになりました。その他の財団からの補助金によって、ギリシャ・アイルランド・イスラエル・ウクライナ・ベトナムのJSTORへのアクセスも拡大しています[4]。有料サービスを提供する営利企業や非営利団体も、図書館目録をデジタル形式に変換するなどの分野で支援を提供してきました。もちろん、多くの国が、国際図書館連盟（IFLA）やユネスコのような国際組織のプロジェクトから恩恵を受けています。事実、最後の2つの国際機関は、世界中の図書館およびその他の主要な文化施設における貴重なデジタル・コレクションのデータベース製作のための調査において協力をしてきました。デジタル的に他の国から何が取得で

きるのかを特定できることによって、共同で情報交換を行うプログラムがより容易になります。

　IFLAはまた、「世界書誌コントロール国際MARC（UBCIM）プログラム」と呼ぶ書誌調整活動も引き受けています。この活動の目的は、「国家レベルでの書誌コントロールのためのシステムと標準の開発および書誌データの国際的交換を目指した活動の調整を図る」ことです[5]。米国は、協力を奨励するための基本的な方法の一つとして、標準にこだわることの重要性を認識しています。ただ同時に、米国で開発された標準は、あまり豊かでない国々にとって、職員の研修に必要とされる資金や時間という点で、高価すぎて実用的でないことも我々は理解しています。

　加えて、ユネスコは「メモリー・オブ・ザ・ワールド」というプログラムも有しています。これは、プログラム自体の表現によれば、「できるだけ多くの人々によるアクセス」を進展させ、世界中の危機に瀕した重要な文献を救うための国際協力を振興するものです。このプログラムは、世界にとって重要な文献とコレクションの登録を維持するだけでなく、図書館や公文書館の重要資料を保存し、それらへのアクセスを提供するための各国の協力体制を組織しようとするものです。例えば、このプログラムのウェブサイトでは、「大西洋にまたがる奴隷貿易に関するオリジナル文献を保存し、これらの資料への公衆アクセスを向上させ、そのデータベースを構築する」ために組織された多国籍な活動に関する説明を見ることができます[6]。このプロジェクトの一環として、デジタル化およびウェブサイト製作に関する専門知識を高めるために、2002年1月、アフリカ諸国6か国からアーキビストがセネガルに集まりました。同様の研修活動がアフリカのその他2地域でも開催され、南米諸国でもこのプロジェクトのために協力者が募集されています。同時に、ユネスコの「イベロアメリカ記録（Memoria de Iberoamerica）」プログラムも進展しており、中南米12か国の国立図書館が、19世紀の約6,000の新聞とその他の出版物の目録を作成しました。このプロジェクトの次のステップは、「国立図書館間での交換を目的とした、リストアップされた資料のマイクロフィルムおよびデジタル形式への変換」を手がけることです[7]。

　要は、中でもこれらのプログラムが示すように、異なった国々のレポジトリは、専門知識を高め、デジタル資源の共有コレクションを構築するために共に協力することが可能であり、また実際に協力活動を行っています。公平性、アクセス、文化的優位などに関する多くの問題がありますが、それでも明らかに前進しています。

　実際、ユネスコで2001年に設立された「Information for All（すべての人に情報を）」と呼ばれるプログラムは国際的・地域的協力やパートナーシップを創出するための枠組みを提供しています。ユネスコは、このプログラムの目標を、「公正で自由な情報社会を構築し、情報に恵まれた者と恵まれない者のギャップを少なくし」、「人々のコミュニケーション手段」を増やすための「共通の戦略・方法・ツールの開発」を支援することと記述しています。「情報が富と発展を産み出す上で益々大きな役割を果たすこと」、「『グローバル知識社会』への参画が社会的・個人的発展のために肝要であること」を信じて、「Information for All」プログラムは以下の5分野に焦点をあてています。

・特に、基本的な人権の一つとしての情報への世界的・公平なアクセスという概念に関する国際的合意の設立に基づいた国際的・地域的・国内的情報政策の振興
・研修と研修ネットワークを中心にした、情報時代に対応する人的資源と能力の開発

・情報アクセスへの入り口としての諸機関の強化、特にユネスコのポータルを世界中の情報機関へと発展させること
 ・地域のニーズと政策プランニング分析を含めた、情報処理・管理ツールおよびシステムの開発
 ・すべてのユネスコのプログラムが詳細な情報に基づいて策定・決断されるように支援するための教育・科学・文化・コミュニケーションに対する情報技術の開発[8]

　ここで、私の所属する組織、米国図書館・情報振興財団は、略してCLIRと呼びますが、米国に本部を置いてはいますが、図書館の発展と協力に対する国際的取組みを発展させるために努力していることを付け加えさせていただきます。この種の活動が日本を含めて多くの国で進行していることは知っています。ただ私は、自分の組織による活動を一番良く知っていますので、国際的な図書館連結の実現を阻む障壁は克服できると私に思わせる進展の事例をお話しするために、CLIRについて述べたいと思います。

　一つの例は東南アジアに関係があります。資料の保存が資料を何らかの形でアクセス可能とするための前提条件であることは先に述べました。CLIRでは、図書館資料の保存方法に関する電子的にアクセス可能な指導プログラムになると我々が期待する最初のプログラムを、コーネル大学の図書館と共同でつい最近作成しました。これらの指導プログラムは、地域の気候、地域で保存される資料の性質、保存を脅かすものに対処するためにその地域でどのような資源が利用可能かなどを考慮に入れながら、世界の特定の地域の図書館に対して準備されています。これらの指導プログラムは、特に豊かでない図書館に現実的な援助を与えるように設計されています。いろいろな特徴を有するこのプログラムに資金提供してくれたヘンリー・ルース財団に感謝いたします。このプログラムには、それぞれの組織が現状の保存水準を評価できる自己評価ツール、インストラクションの記述、その地域の保存用材料や器具の仕入先に関する情報を含んだ資源ガイド、専門用語の解説などが含まれています。現在、東南アジアの図書館は、インターネットを使用してこのプロジェクトのウェブサイト上でこれらのすべてにアクセスすることが可能です[9]。これが、国境を越えた技術的情報の共有がデジタル情報によっていかに強化されうるかの一例です。

　また、CLIRは世界中の保存に関心を持っていますので、「The State of Digital Preservation：An International Perspective」と題する報告書を最近出版しました。これには、Documentation Abstracts社から資金援助を受け、CLIRが昨年の春に米国ワシントンで主催した国際会議で発表された論文が含まれています。デジタル保存に対する技術的アプローチについての概観に加えて、米国およびオランダやオーストラリアにおける特定のデジタル保存イニシアチブに関する報告も提供しています。諸外国からのゲストも会議に出席しました。この報告書は紙媒体による配布も行っていますし、同時にCLIRのホームページからも取得できます[10]。

　CLIRの仕事には、図書館アクセスの拡大を振興するための取組みも含まれています。2002年夏スコットランドで開催された国際図書館連盟（IFLA）の年次大会では、ビル＆メリンダ・ゲイツ財団の2002年「Access to Learning Award（学習へのアクセス賞）」の授与にCLIRも参加しました。この賞は、米国を除く世界中の図書館、図書館関係団体あるいは同様の組織の中から、情報技術への無料公開アクセス提供をする上で革新的な業績を残した組織に対し毎年1回授与されます。この賞には最大で百万米ドルの報奨金も含まれ

ます。ゲイツ財団が資金提供し、CLIRが運営するこの賞には、65か国から130の応募が寄せられました。今年の受賞者は南米コロンビアのボガタにある、BibloRedとして知られる公立図書館のキャピタルネットワーク（Capital Network of Public Libraries）でした。ところで、2003年の賞に適した候補者をご存知でしたら、我々のウェブサイト（www.clir.org.）から取得できる書式を使用して応募できます。2月28日まで応募を受け付けています。

　先に、図書館職員が世界規模の情報伝達技術を利用できるようにするためには研修機会が重要であるとお話ししました。そのような研修機会の振興例が、米国イリノイ大学モーテンソン・センターの国際図書館プログラムによって提供されています。CLIRも後援しているモーテンソン・センターは、世界中の図書館職員に対してリーダーシップ訓練プログラムを提供します。

　これらの例に後押しされて、CLIRは、国際諮問委員会（Internatioal Advisory Committee）の創設を通じて世界中の図書館の発展と協力を振興する我々の活動を拡大したいと望んでいます。この委員会は、世界の異なった地域のニーズを満たすような重要な問題点・関心・ニーズ・方法などについて我々に情報を提供してくれる各国の主要な図書館の職員や情報技術者で構成されています。

　CLIRが運営本部を提供しているデジタル図書館連盟（Digital Library Federation）の活動においても、障壁を克服することがますます重要になっています。この連盟のメンバーは米国の主要な30の学術図書館であり、デジタル図書館の発展において先駆者的役割を果たしています。これは米国の組織ですが、その活動は諸外国の図書館にも適用されており、その報告はウェブサイトから電子的にアクセス可能です[11]。

　例えば、この連盟により支援されているイニシアチブの一つが、異なる国の図書館が特別な研究のためにお互いのコレクションを連結させるのを、いつかは支援することになるでしょう。これは、しばしばOAIと略して称される「オープン・アーカイブ・イニシアチブ」のことです。商業ベースのインターネット検索エンジンには限界があり、その検索結果の質にむらがあるため、たとえ自国内であっても、研究者が自分のプロジェクトに関連するすべての資料を探すのは困難です。OAIはこのような困難を少なくするためのものです。

　OAIは「ハーベスティング・プロトコル」というメタデータを「収集」するための技術的フレームワークを提供しています。これを使用すれば、ロケーションやフォーマットのいかんを問わず、研究者は専門分野に特化したポータルサービスを通じて自分の研究主題に関する資料を探し出すことができます。米国のデジタル図書館連盟は、小数のインターネット・ゲートウェイのこのプロトコルの開発テストを支援しています。これにより、ユーザーは、まるで単一のコレクションであるかのように複数の図書館の蔵書にアクセスすることができます[12]。OAIが提供するような所有権が存在しないフォーマットが、完全にオープンな国際的アクセスには不可欠です。最終的には、これらのOAIハーベスティング・サービスによって、世界中の図書館のコレクションを利用することが可能となるでしょう。

　個々の国内の図書館の相互利用の進展は―これも十分に困難なことですが―世界中の図書館の間の共同コレクションの構築へと必然的に結びつくのでしょうか？先に私が引用し

た英国人作家、フレデリック・J・フレンドはさらに何かが必要であると考えます。彼はそれを、単に自国内でのサービスにとどまらずに我々が図書館を発展させていく「新たな共通アイデンティティ感」として表現しています。彼の言葉によれば、「我々の図書館は一つの世界の図書館であるという考えが我々の政策の根底にあるべきなのです[13]」。

彼は、その例と称して、米国研究図書館連合（RLG）が、米国に本拠はあるけれども、米国の組織というより、もっと国際的な役割を果たすべきであると主張しています。RLGは、「そのサービスを発展させるために、米国外のパートナーと共に活動しつつ、真に国際的な組織となるよう非常に努力してきた…」と彼は書いています。彼はまた、「特に研究図書館はグローバルな情報世界に完全に浸らなければならないという認識で、....（略）.... RLGへの参加に対して大変大胆な国際的行動を取っている」として、彼自身の国である英国の研究図書館連合（Consortium of University Research Libraries, CURL）を賞賛しています。また、日本の国立大学図書館協議会もメンバーとして含まれている国際図書館コンソーシアム連合（International Coalition of Library Consortia, ICOLC）を、「一つの国のニーズだけでなく世界中の図書館のニーズによって形成された政策を取り入れる」上で「最善である」とも書いています[14]。我々の一人一人が、国際的なプログラムあるいは活動を行っている図書館団体の別の例を挙げることができるでしょう。しかし、その数は比較的少ないのです。

我々の機関に対して国際的な後援者が資金援助をし、また我々の運営委員会を務めるようになるまで、国際的なアプローチを取るのは難しいことでしょう。それでも、お互いの利益のために国家の境界を越えた協力の正当性を訴えることは可能です。我々図書館が、海外のコレクションへのアクセスが我々に提供されるような協力協定を結ぶことにより、我々の国の学者や研究者たちが恩恵を受けます。ちょうどそれは、そのような協定によって我々のデジタル・コレクションに対するアクセスが提供されることにより、海外の研究者たちが恩恵を受けるのと同じです。そのような相互交換を実現してくれるような共通の標準を目指して活動することは我々みんなにとって重要なことです。そのような努力によって、すべての利用者のために、単独で運営できるよりもさらに大きな資源を我々が創出することができるようになるのです。

ですから、今日のような素晴らしい機会に出席ができ、私の心の中で培ってきた考えをお話しできることを大変喜んでおります。私が伝えようとしたように、夢は実現します。言語・文化・不均一な財政資源など多くの障壁があるにもかかわらず、世界的にアクセスが可能な図書館への進歩を加速する取組みは既に進行中です。その励みとなる進展の一つが、日本のこの素晴らしい新デジタル図書館です。ですから、最初に申し上げたのと同じ表現で私のスピーチを終わりにしたいと思います。心よりお祝い申し上げます。

注

1 Dan Hazan

"Dancing with Elephants: International Cooperation in an Independent (But Unequal) World," Creating New Strategies for Cooperative Collection Development
編集：Milton T. Wolf and Marjorie E. Bloss.（Binghamton, NY, USA: Haworth Information Press, 2000）185-213ページ　引用は209ページ

2 Frederick J. Friend
 "Libraries of One World: Librarians Look Across the Oceans" 引用は 286ページ

3 http://www.unescobkk.org/CI/tex_ict.html

4 "Online Archive Extends Access to Journals," The Chronicle of Philanthropy XV（2002年10月31日）：60

5 http://www.ifla.org/VI/3/ubcim.htm　http://www.ifla.org/VI/3/annual/spunimarc.htm

6 http://www.unesco.org/webworld/mdm.index_2.html

7 http://www.unesco.org/webworld/memory/abid.html#MemoriadeIberoamerica

8 http://www.unesco.org/webworld/ifap

9 http://www.librarypreservation.org

10 http://www.clir.org/pubs/abstract/pub107abst.html

11 http://www.diglib.org

12 より詳しい情報は、www.clir.org/diglib/architectures.htmで取得可能

13 "Libraries of One World" 281, 286ページ

14 同書：283、284ページ

（ウェブサイトの最終アクセスは2003年4月16日。）

グローバルな図書館像を求めて

日本図書館協会理事長　竹内　悊

はじめに
　皆さん、こんにちは。まず、皆さんとご一緒に、この国立国会図書館関西館ができたことに、心からお祝いを申し上げたいと思います。かつて私は、赤坂離宮時代、つまり現在の迎賓館にあった国立国会図書館の図書館学資料室に、四十数日通いつめたことがありました。その頃から考えますと、この関西館ができたことは全く夢のようです。5～6年前にチェコ、ハンガリー、ポーランドの図書館を見学した時、以前の王侯の宮殿を新しい国立図書館に転用しているのを見て、1950年代初頭の国立国会図書館とほとんど同じ雰囲気だと思いました。りっぱな宮殿の中に急ごしらえの書架が立っていて、いかにもこれからという感じの図書館でした。その国々の図書館利用者の真剣さから、国の節目という時に、図書館に対して国民が示す期待が非常に大きいことを知らされました。それが、第二次大戦直後の日本、文革直後の中国、そして今日、1990年代の東ヨーロッパ諸国の図書館にはっきり表れていると思います。そのように考えますと、2002年という年に、関西には関西館が誕生し、東京には国際子ども図書館が全面開館したことは、50年後、100年後においても、その価値がはっきり認識される出来事だと思います。

グローバルな図書館像を支えるもの
　本日、私に与えられた課題は、「国際交流と図書館」という非常に大きなテーマです。その中でグローバルな図書館像を求めようということです。このテーマは、図書館が世界の知識や情報を収集することから考えて、まことに当然というべきものです。今日の日本の図書館はその方向に進んでいるわけですが、それでもなお、海外の図書館から見れば、「もっと開いてくれ」と言われる状況もあるわけです。私としては、このグローバル化という大きなテーマを、一体どのように考えたらいいのかという自分への問いかけから、これからの大きな図書館像を考えるすじみちがありはしないか、と考えてみました。そこでそれについてのささやかな考えを申し上げたいと思っております。
　まず、現状について、極めておおざっぱに申しあげます。国立国会図書館は、創立の時から国際業務に力を注いでおりまして、海外との資料やデータの交換、図書館協力、人の交流などを実施され、我々日本の図書館人に極めて大きな便宜を与えてくれました。その中で、国会図書館が中心になってくれなければ、なかなか会うことのできない人たちの話を聞く機会も与えられ、大変ありがたく思っております。現在、国立国会図書館の月報には、海外とのさまざまな交流が報告されておりまして、日本の図書館の代表としての役割を果たしております。こうした事業の詳細については、後ほど安江館長からお話があると思います。次に私ども日本図書館協会といたしましては、国際交流委員会を組織して、国会図書館と共に、先ほどからたびたびお話に出ている、IFLAの国際交流に参加し、また協会自体も海外との協力協定を結んで、人の交流を行っております。さらに、日本図書館

研究会、これは我々にとって大変大事な、しかも歴史のある研究会でありますが、この組織は関西に本拠を持っておりまして、中国との交流研修に積極的であります。その他、各大学図書館や公立図書館で、外国の図書館との間に交流協定を持つところがあります。さらに、国内に在住する外国人に対して、いわゆる多文化サービス、つまり今、我々と一緒にこの国に住んでいる、その同じ住民である人に対する図書館のサービスを始めているところもあります。なかなか難しいことがたくさんありますが、日本図書館協会はそれを支援したいと努力しております。従来は、そうしたことがそれぞれの自治体の中だけのサービス、あるいは同じ館種、つまり大学図書館、専門図書館、公立図書館それぞれの間の協力に留まっていたのですが、今日ではその考え方を広げて、自治体を越え、館種を越えるサービスを展開し始めております。その要として、国立国会図書館が活動してくれているということです。今までのそうした枠を越えていくという点で、グローバルな図書館像を生む過程にあると考えております。

近代図書館の発展と国際化
（1）日本の近代図書館

　まず日本の近代図書館の始まりとしては、明治5年、1872年に東京書籍館（しょじゃくかん）という図書館ができました。これが後に東京図書館になり、帝国図書館になって、今日の国立国会図書館になったわけです。これは皆さんのご承知のことだと思います。この前後に海外に出た人、例えば福沢諭吉や市川清流が図書館の必要性を叫びました。また、近代図書館についての大きな刺激を海外の図書館からさまざまに受けていたわけですが、その一つの例としては、1876（明治9）年、西南戦争の前年に、公開図書館報告Public Libraries in the United States of Americaという1,200ページに及ぶ報告が、アメリカ合衆国の教育局から出版されております。そこに400語以上を費やして、日本のTokio（原文のまま）Libraryの説明が出ております。これは、日本の図書館事情について海外で発表された、最初の文献ではないかと思います。1876年は、日本最初の外国への使節、遣米使節がアメリカへ行きましてから16年後です。我々から見ますと日本の図書館の発展はなかなか進まなかったと思いますが、百何十年を経てみますと、割合早かったのではないかという気もいたします。その後、伊東平蔵という人がイタリーに留学して、図書館の考えを持ち帰りました。その後に、東京図書館の田中稲城が、1888（明治21）年に文部省から図書館学修行のためという辞令をもらって海外に行きました。この人は、ボストンのPublic Libraryで非常な努力をして勉強したそうでして、当時それを見ていたアメリカの図書館人が、この人は実に優れた人物で、しかも非常な努力家であると書いた手紙を残しております。このように、日本の近代図書館の基礎を築いたのは、海外の図書館に学んだ人たちでありました。しかしそういう新しい考えは、全く何の準備もなしにこの国に移植されたのだろうか、それともそれを受け入れる下地があったのだろうかということを考えてみたいと思います。

（2）近代図書館を受け入れる素地

　まず貴重な本の貸し借りをしようということは、18世紀後半に活動した本居宣長や村田春海という国学者によって主張されました。珍しい本は互いに貸したり、見せあったりす

べきだというのです。それから同じ時代の林子平、ご承知の『海国兵談』の林子平ですが、この人は、人材養成のために学校を作れと言いましたが、その中身は図書館そのものでした。つまり図書館を作って、それまでの本人の学問系統や身分のいかんにかかわらず、人を選ばず広く読書させることが人材を得る道であり、それこそが教育行政の根幹であると主張したのです。それから85年後の1830（天保元）年になって、仙台に青柳文庫ができます。これは、青柳文蔵という人が本と基本金を仙台藩に寄付し、藩が人を配置して図書館を運営、誰にでも貸出しを始めました。これが仙台藩の終末まで、つまり明治の初期まで続いたのです。学生、文化人、医師、諸国を遊歴して学ぶ人たちのために公開され、日本の公立図書館の先駆けと言っていいのではないかと思います。その頃、もう少し南の福島県磐城の平藩の学者で鍋田晶山という人がいました。この人は、各地の学者との間で、学問に関する情報の交換を手紙でしておりました。その手紙の中に、今度返事をくださる時には紙の大きさを統一していただきたいと書いています。紙の大きさがそれぞれ違っていると保存しにくいからです。手紙を情報源としてとらえ、保存して皆にその考えを分け合うという意識は、図書館資料の考え方と同じです。幕末には、既にそういうところまで意識が進んでいたと思われます。その一方で、蔵書を持つ武士がそれを公開し、読者の方もそれに大きな期待を寄せました。しかし、徳川幕府という絶対的な価値観を持った政府のもとにおいては、集めた本を誰にでも自由に見せると、権力による干渉が加えられる恐れがありました。それを推測させる手紙も残っております。そして実際に、皆さんご承知の蛮社の獄、渡辺崋山を死に追いやった、新しい知識や考え方に対しての強い干渉が起こります。というわけで、図書館を自由に使うには、新しい政府の成立を待たなければなりませんでした。自分のためにコレクションを作る人は昔からいたわけですが、この時代にはそのほかに、人にそれを提供することに喜びを感じる人が出てまいります。それから、学ぶ者としては、身分を越え、藩を越え、学派を越えて学ぶという人たちが出てきます。そして個人を評価する際に、身分制度を越えて、その人の学問あるいは芸術を評価するという考え方が強く出てまいります。これは、松平定信などにその例が見られます。こういうことは、明治になって、図書館を自ら作って公開する、あるいはそれを利用する人たちの下地と考えられます。そしてこのちょうど中間に、勝海舟などがいるわけであります。

（3）国際的な刺激

　先ほど申しました田中稲城は、帰朝後、東京図書館長になり、やがて帝国図書館成立後は初代館長となります。今日の国立国会図書館の前身であります。その田中を会長にして、1892（明治25）年に日本図書館協会が成立しました。当時は図書館という言葉が一般的ではありませんでしたので、日本文庫協会と称しましたが、ここに日本の図書館員が集まって、田中やその周囲の人々から西欧図書館の考え方や運営方法を学び、さらに自分たちの知識や経験を持ち寄り、まとめ、分けあったのです。このこと自体は海外からの刺激でしたが、内発的でもあったと思います。図書館員が集まり、共通の問題解決に乗り出したのは、1850年代のアメリカで起こったことですが、それが形をなしたのは、1876年のアメリカ図書館協会の成立です。その翌年に英国図書館協会が結成され、この大会が国際化を標榜した最初の図書館員の集会でした。少し余談になりますが、その後、日本図書館協会が成立しますので、我々は世界で三番目の図書館協会を持っていることになります。先ほど、

割合早い歩みではなかったかと申しましたが、図書館協会はその一例です。この英国の大会で話し合ったのが、先ほどお話のありました、目録作業や雑誌記事索引、それから図書館員が何をするか、つまるところ図書館とは何かといったことでありました。ここから、一つの図書館にどれほど優れた館長や館員がいても、それだけでは利用者の要求に応えられない、だから他と協力をしなければいけないという意識が形をなしてきたと言えましょう。それに基づいて、図書館協会が成立したと考えられるのです。1館から1国へ、そして世界へ、つまり今日のグローバルな図書館という考え方の萌芽がここに認められます。これが第二次大戦による中断を経て、ユネスコやIFLAという、より大きな活動として今日に至っているのです。このような活動の基本として、国を越え、言葉や文化の違いを乗り越えて、我々の先人が育ててきたのが、職業人としての図書館員の共通の意識です。1960年代は、アメリカとソ連の対立が極めて厳しい時代でした。その時、国際的な図書館学者として著名であった、ルイシュ・ショアーズという方がおられました。このショアーズ博士が1965年の授業で、「今、ソビエトの図書館員がレファレンス・サービスを求めてきたら、それに対して直ちに答えるのが我々の責任である」と言いました。すると、そのクラスに衝撃が走りました。一つは、ソ連はどうにも理解できない国だと思っている学生たちにとって、びっくりするような考えだったからです。もう一つは、ショアーズ先生の考えに賛同して、「そうです、本当にそうです」という賛意の表明でした。そのクラスに出席していた私も強い感銘を受けました。博士の言われた、そういう国際的な仕事を我々はしているのだ、皆仲間なのだ、と思いました。その意識が我々を育て、またこれからの人々の中にその意識を育てていくのだと思います。

現在から将来へ
（1）図書館の目標と各国の条件

　さて今まで申しましたように、一方で個人が地域を越え、学派を越えて、自分の考え方や研究を発展させるという動きがあったのと同じように、図書館もまた、1館だけではサービスが十分ではなく、1館の枠を越え、地域を越え、館種を越え、国を越えて、利用者の必要な資料を提供することを任務としてきました。しかしそこには、我々の先人が非常に苦労した、大きな問題があります。先ほどもそういうお話が詳細にあったわけですが、図書館がその役割を果たすうえで問題となるのは、本来持っている条件によるのです。その第一は、収集の対象が、何らかのかたちで記録された「もの」であるということです。その「もの」というのは、その国の国語、ものの考え方、それから社会条件によって生み出されるものであります。この「もの」の中には他の言語や数式や化学式のように、国際的に共通なものも含まれてはおりますが、大部分はその国の言語とその国の考え方によって生み出されたものです。二番目には、利用者は主としてその国の人たちで、収集したものをその人たちが使いやすいように組織し、提供するのが図書館の役割です。それから第三に、利用者は情報や知識そのものを必要としていますが、その情報や知識は、先ほど申しました、「もの」というかたちをとっています。その「もの」、最も適切な「もの」からその人にとって適切な内容を取り出して提供しなくてはなりません。第四に、その「もの」というのが一つ一つ異なる形態と質量をもってい、その国の自然条件の中で生産され、それぞれ寿命が予想されているわけです。これは先ほど各国で保存条件が違うとおっしゃっ

たそのことです。しかも図書館としては、できる限りオリジナルを保存していきたい。これについては、さまざまな考え方があって必ずしもオリジナルでなくても良い場合もありましょう。しかし全体として申しますと、変換した媒体に比べてオリジナルの方が情報量が多く、研究や判断の最後の拠り所となることがあります。さらにこの「もの」という面から申しますと、学問の世界では国境がないのですが、ひとたびこれを商品として見ると、途端に国境が出てきます。海外の資料を何でも集められるかというと、そこに取引や輸送、通関手続き、保険などが出てきて、非常に難しいのです。そして、五番目には、そういうさまざまな条件がありながら、なお各国が別々の考えではなかなか国際的な情報交換ができない。できるところから国際的な基準を求めて仕事をしていかなければいけない。そういう両面を持った仕事なのであります。

（２）相互理解
　ただ今申しましたように、各国の図書館はそれぞれに解決すべき問題を抱えております。それは極めて似通ったものではあっても、その国の文化との関わりにおいて決して一様ではありません。したがって、一国の図書館の解決への努力が、そのまま他の国に適用できるとは限りません。むしろ、その文化の中での図書館のあり方を重んじ、相互の敬意に基づいた、これも先ほどお話がありましたが、相互の敬意に基づいた理解の醸成が必要だと思います。これはお互いの一致したところと違うところを求めて考えるということでして、これが比較の第一歩だと思います。この比較とは、決して優劣の順位をつけるということではなく、他者を知り、そして自分を知ることです。比較の目的は「汝自身を知れ」と言われます。したがって、その方法としては、他から自分を見て、自分から他を見るという、つまり自分と他との往復運動をする必要があるのです。グローバル化とは、方法としてはそうした往復運動の上に立った、公平な比較の上に成り立つものではないかと思います。なお、蛇足ではありますが、その過程において、開発途上国から学ぶことが非常にたくさんあるのではないかと思います。どこかで貼ったラベルだけで判断してはいけないと考えております。もう一つ、いわばグローバル化に対するローカル性のことを申しましたが、国際的な図書館網から考えてみますと、網の目を形成するその一つ一つの図書館が、それぞれの国の状況に応じて最も強い図書館であることが信頼の根拠になると思います。

（３）「真理がわれらを自由にする」ということ
　そこで、グローバル化とローカル性という二つを視野に入れて考える場合に、この二つを突き合わせて考えることも大事ですが、もう一つそこに、それを総合できる立場がないだろうかと思います。それを今日の機会を手掛かりにして考えますと、国立国会図書館法の前文に「国立国会図書館は、真理がわれらを自由にするという確信に立って、憲法の誓約する日本の民主化と世界平和とに寄与することを使命として、ここに設立される。」とあります。これは非常に高い理想を謳った大事な文言であると思います。この「真理がわれらを自由にする」ということは、インドのカルカッタの国立図書館の玄関の楣石（まぐさいし）に「真理こそがすべてのものに打ち勝つ」という言葉が刻みこんでありました。これはインドの国是だと聞きました。この二つの言葉は、図書館が人の自由をめざしている、つまり、人の自立を援助することを目的とする社会機関であって、その自立の援助の

ために、考える材料を提供する機能を持つことを包括的に示していると思います。そのように、大きな目標を持って進んでいるところは日本だけではなく、各国においてそれぞれのものがあるのだと思います。そしてそれを申し上げまして、この大きなテーマに対する小さな考えの報告を終わりたいと思います。ご清聴くださいまして、ありがとうございました。

国際交流の現場からの報告

国際交流基金人物交流部受入課長　洲崎　勝

　皆さん、こんにちは。国際交流基金の洲崎と申します。まず何よりも先に、この国立国会図書館関西館がこのように非常に華々しく開館したことをお祝いいたします。今日もこのようにシンポジウムがあり、皆さんがここにいらしているのは、何よりもこの関西館に対する皆さんの期待というものを表しているのではないかと思います。私自身も、全く別のことですが、交流基金の新しい施設作りにかかわったことがございまして、そういう時には思いもよらぬような大変な苦労が続くものです。そうした苦労を乗り越えて開館する時の喜びというのは非常に大きなものがございます。きっと今、関西館のスタッフの方々はそういう喜びを持ちながら、同時に大変な仕事に日々向かっていらっしゃるのだと思います。入ってきてびっくりするくらい、本当にすばらしい建物で、今は季節が冬ですが、春になったら入口にはすばらしい緑があるでしょう。先ほどお話がありましたが、まるでSFの映画を見ているような、非常に近代的というか現代的な、コンテンポラリーな建物で、デザインの面からも、きっとすばらしいものに違いないと思いますが、そこにこれからどうやって熱い血をかよわせていくのかということが大事だと思います。それはきっとスタッフの方だけではなく、これからここを利用される方々、またそれを支えて下さる皆さん、専門家の方、司書の方のご努力ではないかと思っております。さて、そういうとても大事なスタートのシンポジウムに、私ども国際交流基金の図書館事業について紹介する機会を与えていただきましたことに、心からお礼を申し上げます。私の話は極めて事務的ですので、さほど面白くないかもしれませんが、それはそれとしてご勘弁ください。

国際交流基金の概要

　まず、お手元の資料の中にこういう小さなリーフレットがあると思います。初めの数分間はこれを使って、国際交流基金について、それが一体どういうものかということをお話しさせていただきます。私どもといろいろな仕事を通じて協力関係にある機関の方々、また先生方もお見えになっておられますので、そのような方々には繰り返しになるかもしれません。恐れ入りますが、おつきあいくださいませ。

　国際交流基金は、1ページ目を開いていただくと書いてあるのですが、1972年、昭和47年に設立されました。本年度をもって、30周年を迎えております。そもそもは、国際交流を専らとする特殊法人ということで設立されております。管轄官庁は外務省でございまして、外務省は、私ども国際交流基金のほかに、より有名な兄弟法人、JICAさんをお持ちです。あちらは主に経済協力、我々は国際交流ということで、一応デマケーションができております。そして来年の10月からは、他の特殊法人とだいたい同じような流れですが、独立行政法人化ということになりますので、また我々はそこでの新たな仕事のやり方を日々模索しているところでございます。

　主要な事業分類としましては、と言いましても、創立当初、国際交流を行う公的団体と

いうのは、はっきり言ってさほど多くありませんでした。ですので、非常に間口が広いです。そこにありますように、主要事業は、人物交流、日本語・日本研究の支援、そして芸術交流、メディア交流。ですから文化と言えば、だいたい何でも手を広げてしまったというのが交流基金の実体でございます。そしてその他にも、この30年のあいだに、例えばアジアの文化について、もう少し日本の方にむしろ紹介すべきだということで、アジアセンターという施設ができました。同時に、グローバルな問題については、米国と歩調をあわせてもう少し考えていこうという趣旨から、日米センターというものができております。さらに、国際交流に非常に貢献された方々を顕彰する国際交流基金賞という顕彰事業も行っています。今、申し上げたようなことは、このパンフレットにも簡単に書いてございます。もしこれ以上の情報が必要でしたら、いつでも我々の方にご一報ください。

　お手元のレジュメには、予算規模として、資本金が1,000億円、13年度の予算が200億円と書いてございますが、実は、やはり我々も予算の削減が非常に厳しくて、平成15年度、来年度は、おそらく150億円ぐらいに圧縮されると思われております。ですので、ここ2年ほどで、200億円から150億円へと非常に大変な予算の削減を受けております。

　組織といたしましては、東京の溜池のアーク森ビルに本部がございます。ここには、規模は本当に小さいのですが、日本研究のための図書室もございますので、皆さんご利用くださいませ。その他には、国内の附属組織といたしまして、関西のりんくうタウンに「関西国際センター」という専門日本語研修のための施設を持っております。ここにもやはり図書室がございます。そして、さいたま市には、外国人の日本語の先生の研修を行う、日本語の研修施設として「日本語国際センター」がございます。ここにも図書室がありますが、ここは主に、海外で出された日本語の教科書、資料などを集めた図書室です。そのほかにも、京都に支部が1つ、海外には19の事務所を持っております。また、在外公館、つまり大使館・領事館ですが、4か所に出向しております。このように、内外に本部、支部といったネットワークを持って仕事をしているのが、国際交流基金です。

国際交流基金の図書館支援事業

　前置きはそのくらいにしまして、図書館の支援事業ということに話を移したいと思います。国際交流基金の図書館支援事業について、このレジュメに（1）、（2）と分けておりますが、まず一つは、海外における日本研究の支援を目的としたものがございます。もう一つは、主にアジア諸国ですが、文化的な面で協力する、文化協力事業と我々は呼んでおりますが、そういったことを目的としたものがございます。大きく分けてその2つがあるのではないかと思います。特に、その一番目の日本研究支援というのは、どちらかと言いますと、当基金にとって伝統的な事業だと思います。他方、他国への文化協力というのは、ここ数年出てきた概念です。そこで、（1）の日本研究支援事業の一環としては、具体的に一体どんなプロジェクトがあるのかということですが、そこには6つ挙げました。ここで申し上げておかなければいけないのは、国際交流基金には図書課という課がございますが、必ずしもそこがすべての図書館支援事業を行っているわけではありません。さまざまな部署で、日本研究支援もしくは文化協力ということで、別々のプロジェクトを持っております。ですので、ここに挙げてあるものも、それぞれ違う部署で担当しています。

　例えば、①の日本研究情報専門家研修。まさに、今ここに9名の研修参加者の方にいら

していただいておりますが、この研修は、私ども受入課で行っています。どういう目的かといいますと、海外から日本研究の情報を扱っていらっしゃる専門家を日本に招聘してその専門分野の研修と交流をしていただくということでございます。これは、こちらの国立国会図書館、東京の国際文化会館、国立情報学研究所の4団体が連携して行っています。既に平成8年から始めておりまして、これまで、延べ約70名の方に来ていただいております。この研修では、日本における図書館情報分野においてその時点での一番新しいテーマを設定しまして、それに関する講演や、その他、基本的なことを講義、視察していただくということもありますし、もう一つ、お呼びした各国の方々の間で人的なネットワークを構築していただくということも、非常に大きな目的となっております。もちろん、日本の専門家である皆さん方との個人的なネットワークもぜひ広げていただきたいということで、ワークショップやレセプションなども開催しております。

　二番目の司書日本語研修と申しますのは、ここに書いてありますように日本語でやっております。関西国際空港のすぐ対岸にございます、「関西国際センター」というところで行う6か月の研修でございます。初級程度の日本語の能力を持った方々に来ていただきまして、司書の業務を行う上で大事な日本語を研修してもらっています。もちろん同時に、図書館での実務研修なども行っております。これは平成9年度から毎年、関西で実施していますが、それ以前にも埼玉の「日本語国際センター」で行っておりまして、現在までに約150名の司書の方に来ていただいております。

　そして、三番目が図書寄贈ということですが、これは日本研究を行っている海外の図書館やそれ以外の公共図書館などに、日本の基本的な文献を寄贈するということで、14年度は187か国、307機関に寄贈する予定で計画を進めています。

　次に、国際展への参加。これは、そこにございますように、例えば14年度ですと、モスクワ国際図書展や、東京国際ブックフェアなどの全部で15の図書展といわれるイベントに図書を展示するお手伝いをしております。これには一つ問題がありまして、私どもはこういう機関ですので、そのイベントで本を売ることができないのです。お見えになった方から、どうして売ってくれないのだといつも怒られてしまうのです。これもデジタル化の中での活路の一つかなと思っておりますが、最近は、デジタル情報を配るようにしていることです。つまり、この本だったらこのインターネットのウェブに行けば買えるとか、この図書館にあるという情報を、プリントしたりその場で見せたりすることによって、そのようなご不満を少し和らげています。

　そして、日本関係図書の海外における出版や翻訳の援助。これは、日本の理解を促進するような文献または小説などの翻訳と出版について、出版社や翻訳者の方の経費を援助するというものです。そこに書いてありますように、13年度は『窓際のトットちゃん』のブルガリア語の翻訳ですとか、『キッチン』の翻訳がありますが、これは、基金だけで全世界に向けてやろうというよりも、我々が呼び水になるようなかたちで行っています。一つ行うことで、ある国で非常に評判が高くなると、その周辺の国でまた別の団体の方に翻訳・出版をしていただけるという効果を期待しているのでございます。

　そして、日本で出版された本の紹介。これは必ずしも英語で出されたというものではなく、日本で出版されてご覧になっているものを紹介するJapanese Book Newsという、パンフレットを出版しています。以上が日本研究を支えるプロジェクトです。

そして、その次に、文化協力事業としてのプロジェクトです。これは、ずいぶん国立国会図書館さんとご一緒にさせていただいています。むしろ、ほとんどがそうだと思いますが、例えばそこにありますように、海外の公文書館または国会図書館といったところの資料の保存・修復、職員の方々の研修を定期的に援助するということでありまして、主に国会図書館さんの職員の方々に協力をしていただいております。その他にも、図書館事業に関する国際会議への助成ということで、平成12年にはアジア太平洋議会図書館長会議に協力させていただきました。主にこういったことですが、一つ新しいニュースを付け加えさせていただくとすれば、翻訳日本文学データベースというものを、来年度から立ち上げる準備を現在行っております。これは日本ペンクラブと協力している事業で、世界の50の言語で翻訳された日本文学のデータベースをウェブ上で見ることができるようにということで、平成15年度に向けて準備しております。以上のようなことが、国際交流基金の具体的なプロジェクトでございます。私が今日お話し申し上げようと思ったことはここまでですが、この後、また何かございましたら、パネルディスカッションでぜひ何でもお訊きください。どうもありがとうございました。

国際交流の現場からの報告

トヨタ財団プログラム・オフィサー　姫本　由美子

　皆さん、どうもこんにちは。まず最初に、今回、国立国会図書館関西館が開館されましたことに、心よりお祝い申し上げます。

トヨタ財団の概要
　それでは、本題に入る前にトヨタ財団について簡単に申し上げたいと思います。名前でおわかりだと思いますが、トヨタ自動車が1974年に設立した財団です。が、私の前にお話しされた国際交流基金と比べますと、非常に小さな民間の財団です。企業からは独立して自由に社会貢献を行うことが大切であるとの観点に立って活動を行っておりますが、その一つの柱として、東南アジアの研究者の方たちなどを支援するというプログラムがあり、私はそのプログラム担当者の一人です。その東南アジアのプログラムの中で、具体的に図書館の活動を助成させていただくことはほとんどないのですが、今回、このシンポジウムにご招待していただき、ご報告する機会をいただいたことに、本当に感謝申し上げます。

情報の偏在を解消する国際交流とは
　では、なぜ私が呼ばれたかということですが、おそらくこういうことではないかと思います。私たちの財団、特に私が担当している東南アジアプログラムでは、直接、図書館などに助成を行うことはあまりしていないのですが、図書館や公文書館などに保管すべき資・史料を収集し編纂する、あるいは出版するなどの事業に対しては助成を実施してきました。ですから、そういうプログラムを通して「国際交流と図書館」というテーマに関連した活動を行ってきたからではないかと思います。では、どういう本や資料の出版や収集を助成させていただいているかと言いますと、一言で申し上げれば、今まで支配的な文化を代表する本や資料の陰に隠れて、なかなか光が当てられなかった文化を代表する本や資料です。それに関して二つの例を申し上げたいと思いますが、一つは、例えば欧米の文学作品などが出版されると、たちまち日本語に翻訳されて出版され、日本の多くの読者の方が読んでいらっしゃるのですが、ではインドネシアにはどんな文学があるでしょうと言われると、ご存知の方はそれほど多くないと思います。私たちは、そういう東南アジアの文学作品などを日本語に翻訳して出版する事業に関して助成してきました。もう一つの例を申し上げますと、東南アジアがヨーロッパの植民地であった時の歴史は、少し前までは、その地域を支配していた植民地宗主国から東南アジアに赴任していた官吏などが記録した資料を使って書かれることが多く、どうしても植民地宗主国側の視点というものが色濃く反映される傾向にありました。しかし、実は東南アジアが当時記録に残してきた古文書を研究していくと、それまで考えられてきた歴史とは違った歴史が見えてくることがあります。このような東南アジアの人々が記録し残してきた古文書は、1970年ごろまで歴史資料としては十分関心が払われてこなかったのであり、私達の財団では、このような今まで光を当

てられることのなかった、東南アジアの方たち自身が書いてきた資料を丹念に発掘し、収集し、編纂して、図書館や文書館などに保管し、歴史家が歴史を書く時に利用していただくというように、東南アジアの方たちが行っているプロジェクトに対して助成させていただきました。支配的な文化を代表する本や資料の陰に隠れてなかなか光が当てられることのなかった文化を代表するような本や資料を一般の人たちに利用してもらうことによって、今まで情報として非常にアンバランスであったようなものが是正され、それによってお互いの誤解や偏見が解け、真の意味での国際交流が生まれてくるのではないかと考えて、このような活動を行っております。そういうことを考えますと、図書館では、さまざまな立場の人たちの見方や意見を代表する図書や資料を利用者に提供する役割が非常に大きいのではないかと思います。また、図書館は資料保存に関しての専門的な技術を多くお持ちですので、そこで培われてきた文書の保存技術を提供することによって、日本の図書館も国際交流、協力の分野で非常に大きな役割を果たせるのではないかと考えております。今、簡単に挙げた二つの例をもう少し詳しくお話しすることによって、国際交流における図書館の役割についてお話ししてみたいと思います。

相互理解ー「隣人をよく知ろう」プログラムをとおしてー

　まず一つ目の翻訳プログラムですが、これは東南アジアの本を日本語に翻訳して出版したり、逆に日本の文学作品、あるいは、例えばインドネシアの文学作品をタイ語に翻訳したりするというかたちで、翻訳・出版事業を助成しているプログラムです。おそらく、受付のところでこういう小冊子を受け取られたと思いますが、これは、そのプログラムで日本語に翻訳された本のリストです。大変申し訳ないのですが、これは5年ぐらい前に印刷されたものでして、それ以後もどんどん出版されています。今日午前中に基調講演をされた山折先生の本も、確かマレーシア語に翻訳されて出版されています。私たちはこれを、「隣人をよく知ろう」プログラムと呼んでいるのですが、このプログラムが始まった1978年頃というのは、日本が東南アジアにものすごい勢いで経済進出をしていた時期でして、財団のスタッフが東南アジアに行って、「何か私たちにお手伝いできることはありませんか」といろいろ意見を聞いてみると、「日本はこれほど東南アジアに経済進出して私たちの社会にいろいろ影響を与えているのに、例えばタイの文学について、あなたたちは何かご存知ですか。もっと私たちのことをよく知ってください」と言われました。一方東南アジアの人たちも、日本の工業製品とは毎日顔を突き合わせて使っているわけですが、「それを作っている本当の日本人の姿って一体何だろうということになると、私たちもよくわからないのです。顔の見える形で日本人を知りたいのです」と感じていたのです。そうした要望に応えるためにこのようなプログラムを始めました。日本人も東南アジアの人々も、お互いについて常に偏った情報しか持っていないような状況だったのですが、そういう状況を是正していくために始めたプログラムを通して、現在、例えば東南アジアや南アジアの本で日本語に翻訳されて出版された本がすでに200冊以上になります。ただ、このリストを見ていただくとおわかりのように、このようなプログラムに関わってくださった日本の出版社というのは、いわゆる市場原理で本を売ろうとしますと、なかなか書店に置いてもらうスペースがもらえないような小さな出版社であり、一般の方たちが本屋さんに行けばすぐに手に入るというものではないのです。出版された本自体もベストセラーになると

は考えられにくく、時間がたつと絶版になってしまって、とても再版することが難しいような、どちらかというとマイナーな種類の本です。しかし、図書館の人たちがそういう種類の本をきちんと購入して図書館に置き、それほど多くはないけれど、東南アジアのことを理解しようという志を持ってくださる方たちが読みたいと思った時に、図書館に行けばその本があるという状況を作ってくださっているのは、本当に大切なことだと思います。相互理解、つまりお互いを知るということは、自分の関心に基づいて一面的に相手を見るのではなく、相手の気持ちを推察して多角的に見て理解する必要があると思うのですが、東南アジアの人たちとの交流も文学作品を読むことによって、より内実のともなった国際交流が行われると思います。

国際協力－古文書保存への助成をとおして－

　それから、二つ目の資料保存についてですが、先ほど申し上げましたように、東南アジアはタイを除くほとんどの地域が19世紀半ばから20世紀初めにかけて欧米の植民地支配下におかれました。旧植民地宗主国の図書館や文書館で非常にきれいに分類・保管された記録をもとに、これは極端な例ですが、植民地支配を正当化するような歴史が書かれることもあったわけですが、そのように一部の資料に基づいて歴史を書くと、どうしてもその資料が作られた意図や背景が反映された歴史が書かれることになってしまいます。ところが、東南アジアには、ヨーロッパに植民地化される前に、いくつもの王国が栄えていたことは皆さんもご存知だと思いますが、そうした時代に東南アジアの宮廷で王朝年代記が書かれ、また仏教国では仏教寺院が学問や教育の中心となり、そこで多くの書物が書かれ、保存されてきました。これらの文書には、紙のものもありますが、椰子の葉に鉄筆で書いた貝葉文献というものもあります。そしてこれらの文献を研究してみますと、その当時の歴史、慣習法、医療、天文について、当時の人たちの知識や知恵が書かれていることがわかってきました。このような文書の研究を通して、植民地化される前の東南アジアに近代化への萌芽といえるさまざまな動きがあったのだと主張する研究者の人たちも出てきました。財団は、そういう古文書、貝葉文献などを保存して整理することを助成してきたわけですが、そういう資料を保存して研究者の方たちに利用してもらい、東南アジアの人たち自身が歴史を書くことによって、今まで自分たち自身も気づかなかった自分たちの歴史を、自分たちの視点から再構成するような可能性が生まれきていると思います。

　さて、こういうプロジェクトの中で特に注意しなければいけないことがあります。一つには、そういう古文書が寺院などで神聖なものとして扱われていることが多く、外部の人たちは簡単に見たり入手したりできないことがありますので、まず、古文書を所有する人たちに、その古文書が自分たちの文化資産としていかに重要であり、皆で共有すべきものであるかという共通認識を持っていただくということがあります。それから二つ目に、収集したり、短期間借りたりした資料の中で、どの資料が重要であるか、そして同じ内容に関して異本がないかを調べることも大切です。さらに、その索引を作り、それらの古文書を長期の保存に耐えるように、マイクロフィルム化するような作業が必要です。そういう中で、非常に重要な点として、どういうかたちで保存したら古文書が非常にいい状態で長期間保存できるかという問題が出てくるのですが、ここでも図書館が培ってきた保存技術、そしてそういう専門家の人たちは、非常に大きな役割を果たすことができるのではないか

と思います。そのことに関して二つの例を挙げたいのですが、一つは1990年にフォード財団のインドネシア事務所で、インドネシアの国立図書館の蔵書およびマイクロフィルムになった文書をどのように適切に保管していくかということについて、長期計画をたてるプロジェクトを行いました。そのプロジェクトでは、世界各国の文書保存の専門家の方たちを招待して、インドネシアという熱帯気侯の中で、しかもあまりお金もない中で、どういうかたちで文書や書物を保管していくのが一番効果的かということについて長期計画をたてたのですが、私どもの財団では、ちょうど次にお話しになられる安江館長さんにプロジェクトに参加していただくために費用を出させていただきました。このように、文書の保存プロジェクトにおいて、保存したいという気持ちを持った人たち、例えばインドネシアの図書館、それから最新のさまざまな保存技術を持っている世界の専門家の方たち、そして私たちのような助成財団が、連携して一緒に取り組んでいくことが非常に大切ではないかと思います。もう一つ、最近特に注目される例を挙げますと、2000年の2月に、「東南アジアにおけるマイクロフォームの保存と修復－過去のプロジェクトの評価と現在のニーズ・アセスメント」と題する会議がタイのチェンマイで開かれたのですが、そこで「資料アクセスと保存のための東南アジアコンソーシアム」（SEACAP）という組織が設立されました。このSEACAPという組織は、東南アジア地域の出版物あるいは記録遺産を保存し、またそれらへのアクセスを提供するために、図書館、文書館、およびその他の関係機関と個人の間の協力を促進、発展、支援することを目的としたネットワークです。このコンソーシアムができた背景には、先ほど私が申し上げましたように、文書の保存に関しては東南アジアで個々にいろいろ行われてはいたのですが、それらの保存プロジェクトに携わってきた人たちが、経験を共有してより良い保存のかたちについて話し合っていく機会を設ける必要性を痛感していたことがあります。このコンソーシアムができたことによって、既に行われたこと、あるいは将来計画されていることを皆で共有しあって、より良いかたちでプロジェクトを進めることができるのではないかと思います。そのような場において保存に関して、もちろん国によって文化的な状況などが違うわけですから一律に一つのやり方がいいというわけではありませんが、日本の図書館の持っている保存技術を提供し、様々のかたちの保存の方法を皆で共有しあって、それぞれの国にとってその中でどれが一番ふさわしいのかを考え、皆で協力し、連携して行っていくことが非常に大切ではないかと思います。

まとめ

　以上簡単にまとめますと、従来あまり存在価値を認められてこなかった情報、例えば東南アジアの文学作品であったり、東南アジアにある古文書であったりするわけですが、そのようなものを、東南アジアの人たちや日本の人たちで分かちあうことによって相互理解が深まると思います。また散逸・消滅しつつある東南アジアの古文書保存などへの国際協力を通して、東南アジアの真の姿が理解できるのではないかと思います。このような相互理解や国際協力を通して真の国際交流が可能になると考えますと、その中での図書館に期待される役割は大変大きいのではないかと思います。つたない話で申し訳ありませんが、以上で終わらせていただきます。失礼いたします。

国立国会図書館の国際活動 ―日本、アジア、世界―

国立国会図書館関西館長　安江　明夫

　先月11月、第1回目の関西館開館記念シンポジウムを開催した際に、『本とコンピュータ』総合編集長の津野海太郎さんを講師としてお招きいたしました。その『本とコンピュータ』最新号を2～3日前に届けていただいたのですが、その中に関西館のルポルタージュ記事が載っています。タイトルは「やるじゃないか、国会図書館」。サブタイトルが「関西館と『電子化』が動き出した」です。国会図書館は今年、創設55年を迎えていますが、活字の世界でこのようにフレンドリーに評価されたのは初めてのことではないでしょうか。
　この数年来、私どもは、もちろんたくさんの方々のご支援をいただきながらではございますが、国立国会図書館の総力をあげて、関西館と電子図書館サービスの立上げに取り組んでまいりました。その一部が、今、世に出ている、サービスに転化されてきているわけでございます。その最初のところで、このようにフレンドリーに評価していただいたことは、私どもにとっては本当に嬉しいことです。また励みになるものでございます。是非、皆様も『本とコンピュータ』を手にとって読んでいただきたいと思います。そのことを申し上げまして、本題に入ります。

はじめに
　国立国会図書館の国際活動について簡単なご報告をいたします。先ほど、竹内先生の方から、国会図書館のこれまでの国際的なコミットメントということについて触れていただきました。国会図書館は、1948年の館創設以来、国立国会図書館として様々な活動を行ってきております。しかしこれは当然でありまして、どの国においても国立図書館は、その任務から言っても規模から言っても、それぞれの国を代表して、あるいはそれぞれの国の図書館を代表して国際的な活動にコミットしています。
　その一方、国立図書館の国際的な役割の観点から当館の歴史を振り返りますと、私どもに足りないところ、不十分なところが多々、眼につきます。そのことを、10数年前、国立国会図書館の将来を構想する中で議論いたしました。その議論の集約の一つが「国立国会図書館関西館（仮称）の設立に関する第二次基本構想」（1991年）です。これは国会図書館の将来計画、あるいは、関西館は2002年または2003年の開館を目途としておりましたから、国会図書館の21世紀計画ともいうべきものでした。
　そこで示した構想の柱は次の三つです。1）文献情報の発信、2）世界に広がるサービス、3）新しい図書館協力。この三つすべてが国際活動に関連することはおわかりかと思います。特に二番目の柱は、世界に広がるサービス、つまり日本の国立図書館としてどのような世界的サービスを行うか、でした。それから十数年を経て、関西館が開館したこの時期、そこで構想されたもののうち何が実現できたか、何が課題として残されたかを整理してみたいと思います。

日本情報の発信

　一番目は、日本情報の発信です。「日本情報が求められている」とレジュメに書きましたが、これは「第二次基本構想」の1節のタイトルです。当時、日米情報摩擦という言葉をしばしば耳にしましたし、「日本は情報鎖国」の批判もありました。時期は少し違いますが、カルコン（日米文化教育交流会議の略称）が、1995年に「情報ハイウェイへのアクセス」ワーキンググループを設置しましたが、その背景にも、今、申し上げた日本情報が外国から入手しにくいということがあります。

　カルコン・ワーキンググループで話し合われた内容は、2年後の1997年にまとめられましたが、そこでは7項目の提言が挙げられています。レジュメにはその中の図書館に関する3項目のみを書き出しました。

　一つは日本書誌データベース。これは、国立国会図書館あるいは国立情報学研究所等が蔵書目録、総合目録、雑誌記事索引を有償にしろ無償にしろインターネットで出してほしいという要望です。二番目はドキュメント・デリバリー・サービス。これは日本とアメリカ両方に向けた提言で、日米の国立図書館あるいは大学図書館がそれぞれに努力して、国際的なILLを促進するようにということです。三番目は日本語情報を扱うユーザーのための研修です。これも日米両国に向けられた提言で、特に日本側には国際交流基金や国立国会図書館等が、アメリカ側にはアメリカの関係機関が、日本とアメリカでこの種の研修を行うことが要望として出されました。

　「第二次基本構想」に書き表わした計画の評価、それから今紹介しましたカルコン提言への対応ということで、この機会に総括してみました。レジュメに示すもののほとんどは、先月の第1回関西館開館シンポジウムで関西館の村上資料部長が報告しましたが、ごく簡単にご紹介いたします。

　一つ目には、本年10月来、NDL-OPACとして国立国会図書館の蔵書目録をインターネットで提供しています。和図書、和洋の逐次刊行物、それから540万件の雑誌記事索引が、現時点ですべてウェブで提供されています。

　二番目のドキュメント・デリバリー・サービスについては、NDL-OPACと連動させて、図書館間貸出しあるいは郵送複写サービスを行えるようにしています。図書館向けには既に本年10月から始めておりますが、平成15年1月からは、国内、外国を問わず個人向けにこのサービスを実施いたします。

　それから三番目は、カルコン「情報アクセス」提言の時代にはそこまで進んでいなかったこともあり提言には含まれていませんが、電子図書館のサービスです。国立国会図書館ではこれまでも国会会議録等のデータベースを提供しておりましたが、今年10月から近代デジタルライブラリー[1]、WARP[2]、Dnavi[3]を加えました。

　最後の四番目は、日本研究情報専門家研修です。1995年から5回実施された実績を踏まえ、国際交流基金との共催で、今年度から再開いたしました。粗く言えば以上の4点ですが、これまで目標としてきた計画はすべて達成することができました。少なくともサービス実施のスタート台にはきちんと立てたと考えております。

アジアの図書館ネットワーク

　私の報告の副タイトルに「日本、アジア、世界」のキーワードを示しましたが、二番目にアジアの図書館のネットワークについてお話しいたします。

　「アジアの時代」と言われて久しいのですが、私の考えるところでは、これには二つの意味があると思います。一つは日本とアジアの関係で、アジア諸国との経済的、文化的、あるいは政治的関係がますます密接になってきている。その脈絡で日本から見た「アジアの時代」ということがある。同時に、世界的に見て、アジア地域の比重が大きく高まっています。これは、政治的にも経済的にも文化的にも、また現下の諸々の軍事的な問題をとってもそう言えるでしょう。その意味で、世界的にも「アジアの時代」と言えると思います。

　その中で、関西館の構想において、アジア情報の発信を一つの柱にいたしました。これまで、東京本館にアジア資料室を置き、中国語を中心に資料を収集し提供してきたわけですが、そのアジアのセクションを関西館に移し、拡充して、専門図書館として新たな出発をするのがこの構想の考え方です。現在、それを実施に移しつつあります。

　資料の面から言いますと、これまで中国資料を中心に、次いで韓国資料の順で収集してきましたので、まだ東南アジア資料、南アジア資料については弱いところがあります。今年度からアジア研究者の方にも応援していただいて、東南アジア、南アジアの資料の収集を拡充し始めています。蔵書構築は時間がかかりますが、電子媒体の情報源を含め、3年から5年のうちにはある程度の基盤を作ることができると思っております。

　収集した資料はNDL-OPACで、それから、中国語、韓国語の資料については、アジア言語OPACというデータベースをウェブで提供し、検索できるようにしています。まだ規模は小さいのですが、アジア言語OPACを含めて、リンク集や他の情報を掲載したアジア情報室のホームページを立ち上げ、そちらの方からアジア関連情報を入手できるようにしていました。これは、国内に向けてのアジア情報の発信と、国際的なアジア情報の発信の両方を視野において、今、資料収集、整理、提供を始めているところです。

　それからレジュメには書いてありませんが、アジアの専門図書館として図書館協力に努めることにしています。例を挙げれば、国内のアジア資料に関するさまざまな機関との連絡会議ですとか、アジア資料に関する司書研修です。これらも今年度から実施予定です。このような計画を含めて、アジアの専門図書館として拡充する、発展させることが基本的な方針です。

　次の項目は、中国、韓国両国の国立図書館との相互的な文献複写紹介サービスの開始です。中国国家図書館とは22年来、業務交流を行っています。韓国国立中央図書館とは6年来、業務交流を行っています。その中で近年、両図書館と話し合って、お互いの国際的なILLサービスを拡充することにしました。それを相互的なものとして実施するその第一段階として、両国の国立図書館の複写サービスを我々が紹介させてもらい、同じように、先方でも日本の国会図書館のサービスを国民に紹介することにして、3館で来年の1月から開始する予定です。

　これ自体は小さなステップですが、こうした実践から、図書館を経由して中国の膨大な文献あるいは韓国の膨大な研究資料、日本国内にないアジア情報資源に対するアクセスの方途を作ることを考えています。もちろん、相互的なものですから、先方にとっても同じ

です。第一歩はこういうモデストな内容ですが、次の段階では「紹介」から「経由」へ、すなわち図書館が介在しての簡略な複写サービスの実施も目指しています。それと同時に中国、韓国だけでなくアジアの他の国立図書館とも連携して、アジアの中の、特に我々としては各国の国立図書館と結び合って、アジアのILLのネットワークを作ることを展望として持っています。「できるところから具体化する」が、ここで書きました方針です。アジアの中でのILLと言いましても、そこに閉じられるわけではなく、実際にはアジアの中で図書館ネットワークができれば、すぐにグローバルなネットワークへと進んでいくことでしょう。

その次は、図書館資料の保存です。当館がアジアの図書館と連携・協力する領域もありますが、当館がアジアの図書館を支援する領域もあります。図書館活動は多岐に渡りますし、いろんな領域で支援が必要とされ、期待されている。その中で、先ほどマーカムさん、洲崎さん、姫本さんがお話しになりましたように、種々の条件から、図書館あるいは文書館の紙資料、貝葉文献等の保存は、アジア諸国にとって非常に重要な課題、しかも緊急の課題です。

国立国会図書館は、1989年にIFLAのコア活動の一つ、PAC（資料保存コア活動）アジア地域センターを引き受けることになりました。以来、10年と少しになりますが、この間、私ども自身も努力しましたが、国際交流基金あるいはトヨタ財団等と連携しながら、日本から専門家を派遣する、あるいは各国から資料保存のスタッフを日本に招聘する、あるいはまた情報を提供する等のいろいろな支援を行ってきました。ただ、非常に大きなニーズに比べれば、現時点で実現できていることは非常に小さい。何としてもこの支援を強化・拡充しなければ、それぞれの国の文献資源を守ることができない、保存することができない状況です。日本だけで実施するわけではありませんが、日本からの大きな支援が期待されています。

電子図書館の世界連携

三番目に「世界」の切り口で電子図書館の世界連携について触れたいと思います。これについては、内容はマーカムさんがお話しになったスコープとほとんど重なります。繰り返しになりますが、私なりの言い方でお話ししますと、電子図書館は何といっても新しい社会的装置です。これまで図書や雑誌を基盤として組み立ててきた図書館とは全く異なる仕組みが必要になっています。制度的な問題、技術的な問題、法律的な問題、出版社や著作者との関係、サービスの形態など、電子図書館の業務とサービスは従来の図書館サービスの仕組みとは大きく異なります。

そうした中で、既に国立国会図書館では電子図書館のサービスを進めておりますが、その一方、重要なプロジェクトに別途取り組んでいます。その一つはインターネット上の資源をどのように我々の納本制度に組み入れることができるかという問題です。これについては、国立国会図書館の納本制度審議会で審議していただいているところですが、あと2年程度、審議していただいて、答申を受けることにしています。それと同時に、電子情報保存のための研究開発プロジェクトを今年度、立ち上げました。これは、紙資料の保存とは全く違う課題を持つ電子情報の長期的な保存を、技術的にあるいは制度的にどのように可能にするかのプロジェクトです。今年度から3か年計画で実施しています。

その趣旨は、文化資産としての電子情報の保存です。国民の文化財としてのウェブ情報の保存が課題となっています。これは世界共通の緊急課題です。私どもはある意味では日本の文化資産を保存するという個別の課題として取り組んでいるわけですが、それは個別のローカルなものではなく、すべての国に共通する課題です。今日、最初のご挨拶で、「書物は時空を越える力をもつ」と申し上げましたが、インターネット情報は、非常に簡単に空間を越えることができます。しかし一方、それは時間に対しては無力と言っていいほどです。そのような状況においてウェブの情報が時間を越えられるようにすること、時間を越えてアクセスできるようにすること、それが図書館の役割です。図書館が、どのようにしてフローのインターネット情報をストック化し、保存し、将来に残していくことができるか。それは図書館の役割、図書館の仕事を、もう一度振り返って考えることにもなります。それは、我々の課題であると同時に、世界中のすべての図書館の課題、とりわけ世界中の国立図書館の重要な課題と考えております。

結び

　「日本」「アジア」「世界」という切り口でご紹介いたしました。結びとして2点、追加して申し上げます。
　一つは、国際協力のためには国内連携が不可欠ということです。これは当然のことですが、今まで、個々にはいろんな努力があってもなかなか成果に結びつかない。あるいは継続性がないために成果が挙がらないケースが多々ありました。その点については反省が必要です。
　国内連携の非常に良い例として、本日、受講生に会場に来ていただいている日本研究情報専門家研修があります。この研修は、国際交流基金と国立国会図書館との共催、国立情報学研究所と国際文化会館の協力を得て実施しているものですが、まさしく連携なくしては実施できないプログラムです。こういうプログラムの中で、あるいはその継続の中で成果が生まれてくると思います。それから、国内連携だけではなく、国際協力のための国際的な連携も必要です。先ほど、アジアの資料の保存について少し触れましたが、これは姫本さんが紹介してくださったように、いろんな国々がインドネシア、あるいはタイの図書館を支援しています。国際的な連携がなくては、やはり成果が実らない。国際協力のためには、国際的な連携と国内的な連携が必要ということです。
　もう1点は、能動的な、参画型の国際協力の必要です。この機会に私自身も、当館の55年間の国際的な活動を振り返ってみました。それぞれの時に多くの努力がなされてきましたが、一般的な傾向としては、やはり受身の姿勢、諸外国からお話があって受けるという対応が多い。しかしそれではいい成果は出せない。これは単純なことですが、基本的なことです。能動的に、参画的に進めることなくしては、良い成果は生まれませんし、期待にも応えられない。能動的、参画的たらんとするには、竹内先生もお話しになったように、世界の図書館を知り自分自身を知ること、世界から期待されていることを理解することが基盤になります。
　そのことに関連して、最後に一つ国立国会図書館の宣伝をさせていただいて、報告を終わります。
　ご存知の方もあると思いますが『カレントアウェアネス』という図書館情報誌がありま

す。今年度、装いを新たに、季刊発行としましたが、同時にメールマガジン版を発行することにしました。「カレントアウェアネス－E」というタイトルのもので、どなたでも受信できます。私のレジュメ注の五番目に、連絡先を書いておきましたので、関心ある方は連絡してお使いいただきたいと思います。

「カレントアウェアネス－E」はさいわい好評で、たくさんの当館職員が読んでおります。配信は2週間に1度ですが、例えば、比較的最近の号に、先ほどマーカムさんが紹介されたCLIRの「ウェブを用いた資料保存学習プログラムを開発」の記事が出ています。また同じ号に、関西館の田屋電子図書館課長のオーストラリア出張報告で、「ユネスコ、デジタル文化遺産の憲章とガイドラインの検討開始」の記事が載っております。これは先ほど、私がお話ししたインターネット情報の保存に関する重要な会議の紹介です。メールマガジンは、国の内外を問わず、皆様方に登録してご利用いただけますので紹介いたしました。

簡単ですが、用意した報告は以上です。不足のところは次のパネル討論の中で申し上げたいと思います。ご清聴ありがとうございました。

編集事務局注

1　近代デジタルライブラリー（http://ndl.go.jp）
　当館に所蔵する明治期に刊行された図書の本文画像をデータベース化したシステム。書誌情報や目次情報、分類から検索することができる。

2　WARP　「インターネット資源選択的蓄積実験事業」（Web Archiving Project）
　（http://warp.ndl.go.jp）
　インターネット上のウェブサイトや電子雑誌等を、許諾契約に基づき、自動収集ソフトウェア等により選択的に収集し、蓄積・保存する実験事業。

3　Dnavi　「データベース・ナビゲーション・サービス」（http://dnavi.ndl.go.jp）
　日本国内のウェブ上のデータベースに書誌情報（メタデータ）を作成し、当館ウェブサイトからリンクするゲートウェイ・サービス。タイトルや作成者、分類、内容説明等からアクセスすることができる。

パネルディスカッション

【渡辺】失礼いたします。私、進行役をおおせつかりました渡辺でございます。非常に時間が限られておりますので、私にどの程度のことができるか、疑わしい次第でございますが、時間の許す範囲で頑張りたいと思いますので、どうぞよろしくお願いいたします。私の案といたしましては、限られた時間を有効に使うために、大きく二つに分けて、前半は、先ほどいろいろとお話しくださいましたスピーカーの方々に、何か付け加えてお話をしていただければと思います。特にマーカムさんは最初にお話しなさっていますので、残りの方の発言でさらにヒントを得て、ご発言くださることもあるのではないでしょうか。もちろん、最後の安江さんについても同じようなことが言えると思いますが、今のところ、安江さんには最後にお話しいただければと思います。後はだいたい先ほどのスピーチの順番にお話しいただこうと考えております。それから後半は、安江さん、関西館側からの強い要望でございますが、関西館だけではなく、東京本館も含めまして、国立国会図書館に何を期待なさるか、あるいは具体的なプランとして、どういうものが考えられるかということをお話しいただきたいと思います。ここにいらっしゃいますスピーカーの方々は、皆さん何らかのかたちで、大事な機関で重要な役割を演じていらっしゃいますので、その立場から、国立国会図書館あるいは関西館とのつながりが当然出てくるのではないでしょうか。国会図書館あるいは関西館に何を求めるかについては、フロアの皆さんの中に、国際交流基金の研修の方々が9名いらっしゃるということでございましたので、時間がありましたら、お一人でもご希望を出していただければと思います。これは、あくまでも時間の許す範囲内のことでございます。何を求めるかについてのご意見を受けるかたちで、最終的に安江さんの方からお話しいただき、そして私が若干のまとめをさせていただくつもりでおります。

　ここにあるフロアからの質問項目の中に、「電子メディアは紙と同様、または紙以上に劣化が早いとは具体的にどういうことか」という質問が一つございます。もう一つ、「グローバルよりローカルな利用者を優先すべきという図書館の親機関（設置母体）の要請を克服する効果的な方法はあるでしょうか」というのが、とりあえずマーカムさんに直接関わりのある質問項目でございます。それではマーカムさん、お願いいたします。

【マーカム】ありがとうございます。それでは、私のコメントをいくつかのカテゴリーに分類したいと思います。あなたの質問もカバーするつもりです。私の一般的なコメントは他のスピーカーの皆さんのお話を伺ってからにします。我々は二つの大きな難問を抱えています。一つは、グローバルな図書館資源を創るために、大規模で潤沢な資金を有する団体が共に働き始めることです。これには、これらの組織それぞれがこの国際的な資源を創るために協力して働く意志を持つ必要があります。それから、より小規模な図書館すべてがある程度このグローバルな図書館に参加しなければなりません。そのために、小規模な図書館が参加できるよう資金援助団体からの助けが必要となりますし、世界中の図書館が

このグローバルな資源に何らかのアクセスができるように、訓練と開発プログラムに集中する必要があります。このためには二つのまったく異なったレベルでの協力が必要であると私は考えます。

　電子的資源は紙資源よりも脆弱であると私が述べたのはどういうことかというご質問にお答えします。私が言いたかったのはこういうことです。どのハード、どのソフトが使用されているか、電子的情報がどのように記録されているかを極めて明確に記述しなければ、そしてこれらのデジタルファイルがきちんと管理されていなければ、すぐに消えてしまいます。ビットが脆弱なのではなく、デジタル情報を保存する媒体がすぐに老朽化するからなのです。これらのファイルを管理するのに特別なケアをしない限り、情報は簡単に失われてしまいます。アドレスを与えられただけのウェブサイトに入ろうとして、サーバーが維持されていないために、既に存在していなかったという経験をこれまで何度したか考えてみてください。私が言っている脆弱さはそういうことなのです。

　図書館はグローバルアクセスに重点を置きたいと望み、一方、図書館の創立者や後援者はローカルアクセスを重要だと考えている―これがすべての中で最も悩ましい問題でしょう。図書館員として、我々がやるべきことは、我々が創ろうとしていることは国際的なグローバル図書館資源であるということを、そして、このグローバル資源にアクセスできることは自分の地域や国の市民にとって最善の利益であることを設立者、立法者、一般大衆に理解してもらうことです。このためには、国際的なネットワークにおけるノード（節点）としての図書館に我々は責任があるということを考える必要があります。これはちょっと違った考え方かもしれませんが、今日このように考えるのは大切であると私は思います。私の話の最初に、国際社会のメンバーを我々の委員会そしてこの会議に含めるために、我々の運営構造を拡大することが我々の組織すべてにとって必要であることを強調しました。このために本日ここにいることを私は嬉しく思っています。各国が直面している問題を理解し、我々が設置しようとしている国際プログラムをどのように管理するかを集合的に解明することを我々は開始しなければなりません。これで、私の答えと私の先ほどのコメントを展開できたかどうかはわかりませんが、私の持ち時間はこれで終わりだと思います。このことについては、たぶん後ほどお話しできるかと思います。

【渡辺】ありがとうございました。他のスピーカーの方、今のマーカムさんのご発言に関連して、何かございますでしょうか。

【洲崎】よろしいでしょうか。ローカルなニーズにどう答えるかということは、我々交流基金の、例えば図書室、図書館においても、時々議論になります。例えば関西国際センターは、そこでの研修参加者のためにあるのですが、やはりそうは言っても、日本研究について和書、洋書でそれだけの数を特に集めたところはなかなかその地域にはないわけです。そうすると、それに対する期待というものが当然ありまして、例えば、研修施設近くの住民の方や、その他からも人が来ます。このへんは我々のマンパワーという問題、それから本来の目的に特定の予算を使っている時に、違う目的にそれを転化していく場合の問題、この二つがあって悩ましいところです。同じ問題を抱えているということを報告させていただきました。

【渡辺】ありがとうございました。安江さん、どうぞ。

【安江】私のレジュメを見ていただきたいのですが、2ページに注をつけておきました。注の三番目をご覧ください。これは国立国会図書館のことではありませんので、先ほどご説明しませんでした。実は、カルコンの提言を受けて、国立国会図書館以外にもいくつもの機関が努力しています。

　その一つとして、日本の国立大学図書館協議会が中心となって、日米大学図書館間のILLシステムを稼動させました。これは、日本側の大学図書館の関係、それからアメリカの大学図書館の関係をつなぐものです。会場におられるピッツバーグ大学図書館の野口幸生さん、あるいはマサチューセッツ大学のシャロン・ドーマイアさんがアメリカ側での支援者です。このグローバルILLフレームワークは、ローカルなニーズを満たすものです。それぞれの大学図書館が自分たちに必要なアメリカのリソースを使いたい、アメリカの図書館が日本のリソースを使いたいというローカルなニーズを満たすために、グローバルなフレームワークを作りました。そういう意味では、ローカルなニーズを満たすことがグローバルなフレームワークを作る一例となってます。

【渡辺】ありがとうございました。それでは、次に竹内さんに移らせていただいてよろしいでしょうか。これが直接竹内さんに関わりがあるかどうか、若干疑問の面もございますが、「平和教育において、図書館はどのような関わりあいを持つことができるか」という、異文化理解や歴史などを含めたうえでのご質問だと思われますが、これにつきまして、竹内さんの方で何かございますか。

【竹内】私は、報告の最後で比較ということを挙げて、比較とは自分自身を知るのが最終目的だと申しました。平和教育とはみんなが平和に生きて行くことを教育の面で実現することだと考えております。戦時中の平和の求め方は、心の中だけでしたが、平和になった後にはその平和を維持していく努力が必要です。それは非常に難しいことだと思います。目の前が平和ですと、それを維持する努力を忘れがちになるのです。ですが、平和の時代に平和を維持し、それをより高めていく努力はどうしても必要だと思います。実は、図書館というところは、平和でなければ成り立たない仕事をしておりまして、おそらく図書館ほど平和を望んでいる機関はないだろうと思います。というのは、昔から戦争になると、人間が営々と考え、記録し、蓄積したものをたたきつぶすことが目的になるからです。今でも東ヨーロッパなどあちこちで戦争が起こると、一つには、その地域の図書館は石造りの大きな建物で、容易に砦になりますので、あそこに篭っている敵をぶっつぶせということで図書館が破壊されます。もっと本質的には、相手の考え方の根拠を失わせるために、図書館を破壊する場合があります。それが戦争です。先ほど私は、「もの」を維持すると申しましたが、維持していく「もの」の中に、先ほどご質問があった、電子媒体やマイクロフィルムも入ってくると思います。ところが、そのようなものをその国の条件の下できちんと保存していくことは非常に大変なことです。資料の破壊には人為的なものもあり、自然条件によるものもあって、図書館としてはそういう条件で壊されていく資料を守るということも含まれます。

戦争との関わりに戻りますと、平和を維持するとは、一人一人が不当に命を奪われることなく、その人らしく生きていくことだと思います。一人の人がその人らしく生きていく、そして、今で言えば80年かそれ以上、と言っても、先ほどの基調講演で山折先生は72歳というお話でしたが、私はそれより3つ上ですので、80年というともうすぐです。ともかく自分の終わりの時まで、何とかものを考えて生きていけたら幸せと思っております。それが中断されることのないように望んでいるわけです。皆がそうであるように、皆がその人らしい人生を送るために、ものを考える時により良い材料を提供することが図書館の役割だと思います。そういう世の中を作っていくために、図書館の役割と平和を求める教育とはつながっていくのだと思います。
　その方法としては、先ほど比較について申しましたが、自らを知るということと人を知ること、そして人を知るとは、これも先ほど、順位をつけるのではなく、相手がその国の自然的および社会的条件の中で生きてきたか、その文化に対する敬意をもって見なければならないと思うのです。人類学者が太平洋の島々に生きる人たちを調査して、非常に驚いたという話を聞きました。昔から西洋の人たちは、羅針盤などいろいろな機器を使って航海をしましたが、太平洋に生きる人たちは、竹の枠に何本か糸を張って貝殻を結びつけるという非常に簡単な海図を作り、それと彼らの感覚とによってちゃんと目的地にたどり着くといいます。これは人類学者から謎だと言われたほどのことです。そこで西欧の人たちは「人間として一体どちらが大きな能力を持っているのだろうか。太平洋の人たちではないだろうか。なぜなら、自分たちは機械によって動かされているのだから」と考えたといいます。こうしたものの判断の仕方、考え方を学ぶためには、やはりその人たちの知恵に対する驚きがきっかけになります。人の文化を学ぶとはそういうことだと思います。その比較ができるところ、そして先ほど、考える材料を提供するところと言いましたが、一つの驚きも提供できるところ、それが図書館だと思います。そういう意味で、平和と図書館は結びつく、人に対する敬意と驚きを持てるところだと思っております。
　それから、もう一ついいでしょうか。先ほど話したことを補足したいと思います。先ほどのグローバリズムとローカリズムにどう対応すべきかというご質問もそうですが、いつも考えますのは、図書館については案外、人に知られていないことが多いのです。図書館員にとっては、毎日自分のしていることですし、自分の知っていることはすべて人が知っていると思っています。ところが、全然知られていなくてびっくりするような意見が出てきます。それで、先ほど「もの」ということを申しましたが、その例として一つだけ追加しておきます。図書館の本棚は、横幅が90センチ、あるいはもう少し狭くて88センチぐらいですが、そこにA列4号の本をぎっしり詰めたらどれぐらいの重さになるでしょうか。これは、本の比重のことを考えなければならないのですが、ずっと昔の例では、平均0.7と言われたものです。最近はA4版の本が多くなって、しかもどうしてあんなに重い紙を使って切手代をあんなに使うのだろうと思うような本がたくさんあります。学術冊子の交換など、高くなって困ります。重い本が増えてきました。そこで、仮に本の比重を1と考えますと、60キロになります。つまり、棚板1枚に60キロの重さのものが詰まっていて、それが普通、縦6段ぐらいがずっと横に連なっているのです。図書館員はその中から一つの適切なものを選び出すのです。つまり図書館員の仕事は、そういう重さと形を持つものの中から、あなたに必要な、重さも形もない知識や情報を選び出す仕事なのです。こういうことはあま

りわかってもらえていません。やはり我々が皆で、「図書館というのはこういうところです」と言う必要があると思います。そして、グローバリズムの方向に関心のないところへどう対応しようかという先ほどのご質問に対して、実はグローバリズムはローカリズムによって支えられるのだというお話がありましたが、それを皆で共有していかなければいけないのだとこの集会に参加して思いました。以上です。

【渡辺】ありがとうございました。今、お話にありました、図書館と平和教育に関連して、どなたか発言なさる方はいらっしゃいますでしょうか。どうぞ。

【姫本】先ほどの私の話とも関連すると思いますが、異文化を理解することは平和教育に大きくつながっていくことだと思います。人間にとって一番怖いのは、相手が何を考えているのかわからないことだと思うのです。相手が一緒なのか違うのか全然わからないという状況は恐怖心を生み、それが対立・抗争につながっていくと思うのです。一方相手が何を考え、どういう生活を送っているのか、私たちと同じような生活を送っているのか、あるいは違うのか、そういったことがわかっていれば、たとえお互いの考え方が違っても、相手に対する警戒心というのは緩んでくると思うのです。そういう意味で、相手のことを知ろうと思った時にそれを可能にしてくれる情報、資料というものが、非常に大切になってくると思うのですが、図書館の役割の一つとしては、相手のことを知ろうと思う人たちに対して、そういう情報を提供することがあるのではないかと思います。しかも資料、本というものは、書く人の主観が大きく反映されてしまうこともあるので、やはりいろいろな角度から書かれた本の提供を心がけることが非常に大切だと思います。

【渡辺】ありがとうございました。図書館と平和ということで思い出されますのが、1986年のIFLA東京大会でございます。そのときのオープニングアドレスで、ゲイ会長が、「世界大戦で貴重な図書館の蔵書や図書館員の命が失われていった。やはり、平和なくして図書館というものはありえない。図書館の書架には、どこの国の人たちにも分け隔てなく、と言っても分類順でしょうが、本が仲良く並んでいる。これはお互いに協調しあっている様を象徴しているのではないか」とおっしゃっておられまして、平和なくして図書館はありえないのだということを非常に強調しておられたという印象を持っております。時間がどんどん迫ってまいりましたので、先を続けたいと思います。次は洲崎さんですが、洲崎さんには特別にフロアからの質問でお訊きすることはありませんので、直接何かございましたらお願いいたします。

【洲崎】情報として一つ付け加えさせてください。先ほど、安江館長の方からアジアについて少しお話がございましたが、私どもにはアジアセンターという部がございます。これも東京の本部にあるのですが、建物としては別になっております。そこには、一般の方々に開いた資料コーナーがございます。図書館という体裁はとっていませんが、アジア各国の雑誌、新聞、ビデオなどを常時用意しておりますので、ここに来ていただければアジアに関する情報がわかります。場所は東京ですが、東京の近くにいらっしゃる方はぜひお越しください。また、そこではアジア理解講座という講座を定期的に行っておりまして、大

学等、いろいろな分野の専門家の方々、NGOの方々などの講演会も行っておりますので、ぜひご利用くださいませ。

　今の平和のことで一つ話があるのですが、国際交流と図書館というテーマですので、少しずうずうしく発言させていただきます。今、日本国内で国際交流という場合に何がテーマなのかということについて、国内の交流団体にアンケートをとってみました。そうしますと二つありまして、一つが「文化による町の再生」ということです。そして、もう一つが「共生」ということなのです。この「共生」とはどういうことかといいますと、日本にいらっしゃるたくさんの外国人の方とどうやって共生していくかということで、これが非常に大きなテーマになっています。一例を挙げますと、名古屋の場合、住人の3分の1近くがブラジルからの移住の方という団地があります。そうなってきますと、ゴミの出し方一つでいざこざが起き、小さなトラブルがやがて大きなトラブルになっていきます。これを一体どうするのかということが大きな問題になっています。今、国際交流がテーマになっていますので、図書館ということに直接結びつくかどうかわかりませんが、資料を提供する、情報を提供するという立場では同じ悩みがあるのではないかと思います。

【渡辺】ありがとうございました。それでは姫本さん、お願いします。

【姫本】特に付け加えることはありませんが、もしお時間をいただけるのでしたら、一つお話ししたいことがあります。今、ここでは、主に紙に書かれたもの、あるいはデジタル化されたものを保存している図書館ということでお話があったと思いますが、もう一つ、オーラルヒストリーという分野が考えられると思います。インドネシアの公文書館で、日本がインドネシアを占領していた当時、インドネシアの人たちがどういう経験をしたのかということをインドネシアの人たちにインタビューして、それをテープで保存し、記録として残しておくというプロジェクトがありました。その公文書館から、インドネシアを占領していた当時に現地にいた日本の人たちが、その時代をどのように考えているのかインタビューしたいけれど、日本語ができないので、財団の方で助けてもらえないかという依頼がありました。そこで、日本の学者の人たちが中心になって、インドネシア占領期フォーラムというグループを作り、インドネシアでの日本軍政に関わった方たちにインタビューし、それを証言集として本にまとめ、日本語のままですが、インドネシア側にお渡ししたということがあります。そういうオーラルヒストリーという分野においても、いろいろな協力の仕方があるのではないかということで少しお話しさせていただきました。

【渡辺】ありがとうございました。最後に安江さんですが、二つ質問が届いておりまして、「『真理がわれらを自由にする』という言葉は、関西館のどこに表示されていますか」という質問が一つございます。それからもう一つは、「電子図書館の時代、インターネットを通じ、資料、情報が自由に入手できるとすると、普通の図書館、従来の図書館の存在理由はどうなるのでしょう」ということですので、よろしくお願いいたします。

【安江】難しい質問がまいりました。まず一つ目の「真理がわれらを自由にする」という点についてです。皆さんご存知かと思いますが、東京永田町の国立国会図書館には目録ホ

ールの出納台の上に、日本語とギリシア語でこの前文を示しております。関西館では、設計の初めの段階でこれを組み込むことができませんでした。あとになって、この「真理がわれらを自由にする」という碑を示したいと設計者と相談しましたが、結果的にパブリック・スペースに付けることができませんでした。今、事務棟のゲストの方々がたくさんお見えになるロビーのところにそれを付けさせてもらっています。パブリック・スペースに示すことができなかったのは少し残念でした。

　もう一つのご質問につきましては、それぞれの図書館の方々にいろいろなお考えがあろうかと思います。公共図書館、大学図書館、専門図書館、国会図書館、それぞれに違いはあると思いますが、どの図書館においても、紙媒体のもの、電子媒体のもの、その両方を利用者が必要とします。ですから、どの程度適切に案内できるかがポイントだろうと思います。公共図書館であれば、当然、紙媒体の方がよく使われるだろうと思いますし、科学技術の大学図書館であれば、ウェブの情報データベースがよく使われるでしょう。紙媒体のものの一定の重要性は、きちんと残っていると考えます。前回のシンポジウムで、名古屋大学教授で附属図書館長の伊藤先生が「ハイブリッド図書館」と言われましたが、基本的にはそういう紙媒体、電子媒体組合せの図書館が全体的な姿ではないかと思います。

【渡辺】　ありがとうございました。最初の質問につきましては、「汝ら」が「われら」になっていますが、これはバイブルからの引用ですよね。ですから、キリスト教系の大学では、しばしばそれが何らかのかたちで学内、キャンパス内にあるかと思います。私の聞いているところでは、東京では立教大学、それから私の大学にも、明徳館という建物の高い壁面に、それがついております。

　二つ目の質問につきましては、実は日本図書館研究会が数年前に、創立50周年を記念して国際講演会を開きました。その時に、アメリカ図書館協会の副会長をされたマイケル・ゴーマンさんが来られ、21世紀における図書館員あるいはライブラリアンシップをテーマにお話しされた時に、印刷メディアは電子メディアに取って代わられることなく今後も共存するものだとはっきりおっしゃいました。1980年頃に、ランカスターがpaperless information societyの到来ということを非常に強調なさったものですから、図書館員の間では、従来の図書館、あるいは従来の図書館員というものが不要になってしまうのではないか、この世からなくなってしまうのではないかという不安が広がった時代がありました。しかしながら、今、申しましたように、マイケル・ゴーマンさんがそういうことを確信を持ってはっきりとおっしゃったことは、我々にとって一つの救いであったような気もいたします。やはり、バーチャル・ライブラリーには人間のほのぼのとした暖かみというものがないのだ。その際、公共図書館を特にイメージされたのかもしれませんが、そういう図書館にいろいろな人たちが集まってくる。今日も皆さんが集まっていらっしゃるわけですが、これが一つの大きな広がり、人々の輪になっていくという暖かみを大事にしたい。ただ単に、画面とにらめっこしているというものであってはいけないということを、マイケル・ゴーマンさんが非常に強調なさったことを憶えていましたので、ご参考までに申し上げました。

　時間もどんどん過ぎていきますので、後半の部分に入りたいと思います。関西館を含めたかたちで、国立国会図書館に何を期待するかという話題に移っていきたいと思います。

それでは、マーカムさんからお願いします。

【マーカム】どの国立図書館もただちに関与できる最も重要なことの一つは、デジタル情報保存に関する調査だと思います。これは関西館のアジェンダ（計画表）にも載っていますし、米国の多くの大規模学術図書館のアジェンダにも載っています。デジタル世界における最大の問題であろうと私が考えることへの解決法を見つけるために我々が集合的に働くことができるよう心より望んでいます。それが私の提案です。

【竹内】国立国会図書館だけではなく、我々がこうありたいと思う図書館、あるいは図書館員の姿を一つ申し上げたいと思います。やはりグローバル化、国際協力といったことを考えますと、先ほど比較ということを申しましたように、自分の国に対する知識や考え方や厳しい見方というのはもちろん必要ですが、もう一つ必要なのは語学力です。図書館員が持つ語学力が最近特に気になっております。これは、自分も十分に外国語ができないということへの反省も含めてですが、先ほど申しました年齢ですので、もう俺は仕方がないという気もしております。このあいだ、韓国の図書館大会に招かれまして参加してまいりました。そして、「2006年にはソウルでIFLAをやります。その時に日本の皆さんもどうぞたくさんおいでください。アジアの一国である韓国らしいIFLAをやりたいと思っています。だから皆さんおいでください」と言われました。「それはもちろん日本に帰ったら皆に伝えます」とお答えしましたが、次にこんなことを言われて、耳が痛かったのです。「私どもも、日本語のできる図書館協会の職員を養成いたしますが、皆さんも韓国語をお願いします」。そう言われた時は、もっともだとは思いながら、さて、これはつらいと思いました。やはり国際協力というのは、お互いに相手の言葉がわかることが基礎になって、安江館長のおっしゃった、こちらからの発信があるのだと思います。発信といっても、外国の人にすぐにわかってもらえるような文章をこちらが書けるかということになりますと心配ですが、その国の人に読んでもらって直してもらえるぐらいの力を何とか身につける必要があると、今強く考えております。

　それからもう一つ、実は私としては、関西館にも国立国会図書館にも、1歩ずつお仕事を進めていただきたいという期待を持っておりまして、関西館ができたからといって、すぐにああやってください、こうやってくださいとは言うべきではないと思っています。というのは、これだけのものが動き出すというのは大変なことだと思うからです。今、日本図書館協会におりまして、何が難しいかと言いますと、当たり前のことを当たり前にやっていくということです。皆さん、様々なお仕事の現場でお感じになっておいでと思いますが、人がよくやったと言わないような仕事、つまり当たり前の仕事を、当たり前にきちんとやっていくということは非常に難しいのです。ですから、国会図書館、関西館、それから上野の国際子ども図書館も皆、当たり前の仕事が当たり前にできるように、無事にそうなってくれるようにと思っております。

　ですが、その反面、大きな期待も持っております。私個人の例で申しますと、いつまで続くかわかりませんが、多民族文化の絵本、それも主としてアメリカのアフリカ系アメリカ人の著作による絵本を収集して巡回文庫をやっています。つまり、絵本から国際理解を深めたいと思っているわけです。絵本が持つ情報伝達力は非常に大きなものがありますか

ら。そこで、どこで本を選ぶかというと、やはりアメリカに行って選ぶのです。アフリカ系アメリカ人の図書館学教授で私が非常に敬意をもっている方に相談して選んでいただき、私が選んだものも見ていただくということをして、買って帰ります。この小さな経験を国立国会図書館に及ぼしては誠に恐縮ですが、アメリカの議会図書館が、世界7つの国に出張所を持っておりました。その国の文化を象徴するような、特に学術的なものを収集して本国に送っておりました。私のささやかな絵本収集の場合でも、やはり現地で、現地の人と相談しながらなのです。ですから、要望とまではいかない、夢と考えてくださって結構です。国立国会図書館にも、世界の各地に国立国会図書館なんとか分館、あるいは出張所という看板を掲げた機関を作っていただき、そこで収集ができるようになってくださるといいなという夢を持っております。要望というよりは夢を語らせていただきました。

【渡辺】どうもありがとうございました。それでは洲崎さん、お願いします。

【洲崎】国会図書館への要望といいましても、既にいろいろと協力していただいているわけです。まさに今、実例としてここに9人の方々がいらしています。交流基金は文化交流の団体といいましても、実は、我々自身で事業をする部分はとても少ないのです。むしろ、専門分野につきましては、その専門の団体もしくは個人の方との協力、さらにはそういう方々への資金援助をだんだん増やしてきております。ただ、我々も資金援助だけしていますと、正しいものに資金を出しているのかどうか、だんだんわからなくなってくるということもありまして、分野によっては、素人は素人なりに、ある程度はサブの部分にかかわらせていただいております。そういう意味で、今後も、先ほど申し上げたいくつかのプログラムを固定化するつもりはございません。特に来年度から独立行政法人になるうえで、我々も優先順位をつけて事業をしていかなくてはならないという避けられない命題がございます。そういう状況で、より良いプログラムを実施していくために、ご専門の立場から、こういうものをすべきだ、こういうものはとりあえずいいのではないかということを含めて、いろいろな助言をいただきたいということがございます。

　もう一つは、まだまだこれは構想段階ですが、私どもの新しい仕事としまして、かねてから言われていたにもかかわらず今までできなかったことですが、国際交流の情報について、我々がある意味で一つのセンターになるべきではないかという議論を現在行っております。そういう中で、ではどういうものが必要なのかということについては、国会図書館さんだけではなく、むしろこのフロアにいる方々からも、ぜひいろいろと教えていただきたいと思います。ありがとうございました。

【渡辺】ありがとうございました。それでは姫本さん、お願いします。

【姫本】先ほど、私たちの財団が東南アジアの文書を保存したり、プロジェクトに助成したりしているというお話をしましたが、実はそういう相手の方には研究者の方が多いのです。そうすると、一所懸命いろいろなところに散らばっている文書を見つけ出して、収集し、整理して、それを研究に利用するのですが、それで満足してしまって、その先がないという場合が多いのです。実は、10年前に安江さんにインドネシアへ行っていただいた時

に、古文書がせっかくマイクロフィルムに撮影されてあっても、それがひどく劣化して、本来は保存の目的で撮影したものが使えないという、非常に危機的な状況にあることを教えていただきました。財団では、多くの貝葉文献などをマイクロフィルムに撮影することに対し助成を行い、それで安心してしまっていたのですが、そこに警告を発してくださったのが安江さん、すなわち国会図書館の方たちであったと思うのです。今回私がここに呼ばれましたのも、「それではいけないのですよ。もう一度その先に目を向けてください」ということで呼ばれたのではないかと思っています。いろいろな文献・資料を集めただけで安心していてはいけないのであって、それをいかに後世まで、私たちの次の世代、そしてその先の世代まで使えるようなかたちで保存していくかというところまで、きちんとケアしないといけないのです。ところが、一つの組織がことを行う時、一面的にしかものごとを見ていない場合があるのです。やはり国会図書館など、保存の技術を持っていらっしゃる機関が別の角度から見てくださると、どこが欠けているのかということが非常によくわかりますので、私たちの財団だけではわからない、あるいは他の組織ではわからない文書の保存の分野等において、いろいろ警告を発したり、アドバイスをしたりする役目を果たしてくださることが、図書館とは違う組織にとっては非常にありがたいことなのではないかと思います。そのような役割をぜひお願いしたいと思います。

【渡辺】ありがとうございました。安江さんにご発言いただく前に、会場を代表して、と言うと大変荷が重くなるかと思いますが、マサチューセッツ大学のシャロン・ドーマイアさん、いらっしゃいますか。先ほどから話題になっております、国際交流基金の日本研究情報専門家研修に参加していらっしゃるということで、一言、国会図書館と関西館を切り離さないかたちで、できましたら両方に対する期待、こうあってほしいということが何かありましたら、日本研究をなさっている立場からご発言をお願いしたいと思います。

【ドーマイア】ご紹介いただいたように、シャロン・ドーマイアと申します。よろしくお願いします。8か国から9人がまいりました。韓国、香港、アメリカから二人、カナダ、スロヴェニア、スウェーデン、ドイツ、イタリアです。皆、司書か日本情報を扱っている専門家です。ようやく海外から簡単に情報が手に入るようになりました。本当に国会図書館や国立大学図書館協議会などのおかげです。やはり、建物より交流が大事だと思います。日本人がどのように情報を使っているか、その流通については、やはり今でも日本に来て勉強しないとわからないのです。著作権の問題や、私立大学と国立大学の間の交流が難しいなど、今までずいぶん問題がありました。国会図書館に対しての希望については、5年前と比べたら500％も、何千％も良くなったので、どんな希望が残っているか、私には何も言えません。ただ、関西館が本当に使いものになるかどうかは、まだ使ってみたことがないのでわかりませんが、楽しみにしています。皆さんもチャンスがあれば、ぜひアメリカでもイタリアでもスロヴェニアでもお越しください。日本人の方もいらっしゃいますが、私たちは皆、聞きづらい日本語でぜひ交流したいです。

【渡辺】どうもありがとうございました。それでは、最初のマーカムさんからただ今のドーマイアさんまで、発言者全員の話題を全部拾い出すのは、無理と存じます。このへんで

締めのかたちを、安江さんにお願いしたいと思います。

【安江】今、ドーマイアさんからの発言にもありましたし、私の方からは日本情報の発信ということでお話ししましたが、一つ前提として、当然のことをお話ししなくてはいけなかったと思います。それは、日本国内の方々に対するサービスをきちんとするということです。それができて初めて国際的なサービスができるということです。国民に対するサービスがあって、その延長線上に国際的なサービスがあるのです。そういう点で、国内に対するサービスが幅広くできるようになってきていることが大きなポイントと思っております。ただ、そのうえでの国際的なサービスの場合、先ほどの日本研究情報専門家研修の実施もありますし、あるいは外国から複写料金を支払う場合の課題もあります。これについても、法制度を改正し、国内、国外を問わず、クレジットカード等を使った簡単な支払いが可能と近いうちに発表できると思いますが、このあたりは、特に外国からの利用を意識して改正に取り組んできた経緯があります。

　マーカムさんがおっしゃいましたし、私の報告でもお話しさせていただきましたが、ウェブの情報、電子情報の長期的な保存については、どこがどのように集中または分散して収集できるか、技術的にどうすれば長期保存、提供できるかは、図書館全体が抱える大きな課題で、国際的な連携が必要不可欠だということは、先ほど申し上げたとおりです。これから各国の関係機関あるいは国内の関係機関と一緒に取り組んでいきたいと思っております。

　外国の資料の収集につきましては、アメリカの議会図書館とは規模が違うこともありますが、実際にアジア資料の収集については、既にアメリカの議会図書館ジャカルタ収集事務所や中国国家図書館と連携して、そちらの方から我々が選書して収集する作業を始めています。今のところは、そのような連携が我々の力量でできる範囲だと思っています。

　国際交流基金とトヨタ財団のお二人からお話がありましたので、私の方からは繰り返しになりますが、やはりいろいろな機関の連携が大事で、それがないためにせっかくの努力が必ずしも成果を生んでいないという実情があります。特に、継続性がないと成果が生まれない領域が多々ありまして、それには関係機関間の意思疎通と連携が非常に重要だと思っています。そういう中で、レジュメに書きましたとおり、やはり国内的あるいは国際的なリーダーシップあるいはパートナーシップが我々の課題ですから、それを念頭に置いて、これからの取組みを進めていきたいと思います。

　私の話の最初に『本とコンピュータ』の「やるじゃないか、国会図書館」を紹介させていただきましたが、今申し上げたように、国内的な連携がもろもろにできるようになりますと、近い将来、「やるじゃないか、日本の図書館」と、国際的に評価していただけるのではないかと思っております。私のコメントは以上です。

【渡辺】今日お見えになっていらっしゃるスピーカーの方々は、国際的にご活躍の方ばかりで、最初にスピーカーになっていただいたマーカムさんは、現職が図書館・情報振興財団の理事長さんで、大学図書館やLC（米国議会図書館）のお仕事もしていらっしゃいましたし、その後も委員会や審議会で多くの役職につかれ、1995年から現職でいらっしゃいます。同時に、金沢にあります金沢工業大学のライブラリーセンターの名誉顧問にもなって

いらっしゃいまして、毎年7月に、国際ラウンドテーブルを開いておられます。そこでマーカムさんご自身が基調講演をされることもありますし、アメリカでトップレベルの図書館人の方々をお招きくださることで、すばらしい国際ラウンドテーブルが行われます。これはまさに、マーカムさんご自身がわが国の国際交流に多大に貢献していらっしゃるということだと思います。今日、マーカムさんは、「電子時代の国際図書館協力」というテーマでお話しになったわけでありますが、最初に、関西館ならびにそのスタッフの皆さん方が偉業を成し遂げられた、magnificent achievementとおっしゃったと思うのですが、そのことを祝福なさった後、いわゆる国際的な協働、international collaborationが必要であるにもかかわらず、障害が非常に多く存在していると指摘されたうえで、common identityという新しい感覚、a new sense of common identityという言葉をお使いになっておられました。それから、私たちの図書館は一つの世界の図書館でなければならない、libraries of one worldということをおっしゃられました。非常に印象深いお話をしてくださったと思います。

　竹内さんにつきましては、今さらご紹介することもないのですが、図書館情報大学の副学長としてもご活躍なさいました。竹内さんは、わが国に藩があった時代、いわゆる江戸時代のあたりから時を越えて今日にいたる中での国際交流、それぞれのローカルからグローバルへという点についてもお話しになったと思います。竹内さんご自身は、国際交流委員会が窓口になっている日本図書館協会の理事長として、すばらしい国際交流を展開していらっしゃいます。先ほど申しましたように、1986年の東京IFLA大会で、日本図書館協会は世界から非常に高く評価されたのではないかと思っております。（図書館と平和に関連して）不当に命を奪われることなく、その人らしく生きていくことのできる世の中を作っていくために図書館の役割がある／お互いがお互いの言葉が分かるように、それが安江さんの情報発信につながる／あたり前の仕事をあたり前として、しっかりとやっていくこと、などなど、感銘的なお話をしてくださいました。

　洲崎さんにつきましては、これまで、国際交流基金としてのさまざまなお仕事を務めてこられました。外務省に出向されて3年ほどロシアの大使館にいらっしゃった期間がございますが、5年前には関西の国際センターにも勤めておられまして、関西とのつながりも持っていらっしゃいます。多くの支援事業がございまして、200億円から150億円に減らされるという少し残念な話を聞きましたが、ともかく、海外における日本研究を支援するために、世界各国で国際交流基金は様々な実績を持っていらっしゃいます。図書を寄贈したり、日本人専門家を派遣したり、各国から図書館長クラスの人を日本に招聘したり、今ここにいらっしゃるような日本研究関係の司書の方々に対して日本国内で研修を行ったりと、非常に大きな役割を果たしておられます。それが私どもにつぶさに感じられるところであります。国際交流といえば、外国からゲストを呼んでのイベントを考えがちですが、国内での「共生」の大切さも教えていただきました。

　姫本さんにつきましては、情報の偏在の解消が非常に大事であるということで、国際交流の中に相互理解と国際協力というテーマを取り上げられたように思います。例を挙げて、東南アジアの本や資料に必ずしもこれまで光が当てられなかったということ、また相互理解の「隣人をよく知ろう」というプログラムについてもご紹介くださったように思います。東南アジアの人たちの声というものを非常に大事にしなくてはいけないということは竹内

さんもおっしゃいましたが、同時に、それに基づいて現地の人たちの本や資料が翻訳され出版されていることに関して、その際の選択基準が大切である、過去においてその国を支配していた国の人たちによる資料はよく保存されているが、その人たちの声ばかりが反映されるようなことがあってはいけない、その国独自の資料というものが大事に保存されなくてはいけないということもお話の中に出てきたように思います。東南アジアの古文書保存などについては、国際協力を通してやっていかなければならないが、かなり難しい面があり、我々の感覚では簡単にそういった資料が見られるように思うのですが、そう簡単に見せてもらえないような実態もあるというお話をされていたように思います。姫本さんは、異文化理解が平和教育に大きくつながっていくこと、またオーラルヒストリーの分野を通しての国際協力についても言及されました。いずれにせよ、そういう国際協力を通して、東南アジアの真の姿を理解することが非常に大事だと思います。それによって真の国際交流というものが生まれてくるのではないかと思いました。

　最後に、主催者側の安江さんが、国会図書館の国際活動という観点から、日本、アジア、そして世界という視点で様々な実績や活動をご紹介になりました。安江さんは抜群の語学力の持ち主でいらっしゃいまして、過去にもIFLAの資料保存委員会で非常に活躍していらっしゃった時代を私は比較的身近で見ておりました。マーカムさんのペーパーの中でしたでしょうか、"Preservation is an enormous concern."という言葉がありました。安江さんには資料保存の専門家というイメージがあるのですが、やはりそういう資料保存という不可分のつながりの中に国際交流、あるいは先ほども言いましたinternational collaborationが一つの大きな関わりを持っているのではないでしょうか。

　あと1分になりましたが、こういう国際交流ということになりますと、先ほどユネスコのことが言及されましたが、通常、私どもが考えていることの中に、いくつか非常に大事な項目がございます。1974年のユネスコの勧告には、例えば、他国の文化を含むすべての人々とその文化、文明、価値、生活様式に対する理解と尊重、それから人々と諸国の間に地球規模のグローバルな相互依存が増大しているということの認識、それから個人、社会集団、国家には、それぞれに対して、権利だけではなく負うべき義務があるということの認識、それから国際連帯と協力の必要性についての理解という項目があります。さらに、先ほど竹内さんがおっしゃいましたが、言葉のこと、他の人々と意思の疎通を図る能力という項目もあります。我々日本人は外国語が苦手であるという意識を私自身も持っておりますが、実際には、我々の方から外国の人たちに働きかけて、自分たちからの情報発信というものを、できればその国の人たちの言葉で話せるようにしなくてはいけないのではないでしょうか。基本的なことですが、そのへんのところが大事なのではないかと思っております。

　私のコーディネーターとしての役は十分に果たせたかどうかわかりませんが、これをもちまして第2回の関西館開館記念シンポジウムを終わらせていただきたいと思います。関西館がますます発展なさいますように、私ども一同、心から祈念いたしております。ゲストスピーカーの皆様、それからドーマイアさんにもお世話になりました。ご協力いただきまして、ありがとうございました。会場の皆さん、ご協力本当にありがとうございました。

付　録

関西館の概要

付　録
関西館の概要

1　関西館の概要
（1）　国立国会図書館の役割と関西館の設置目的
　国立国会図書館は、昭和23年に設立された、国会に属する機関である。法定納本制度に基づいて、国内で刊行される出版物を網羅的に収集し保存に努めるとともに、外国出版物の大規模な選択的収集を行っている。また、これらの収集資料に基づいて国会、行政・司法の各機関及び国民に対し、広くサービスを行っている。
　年々増加する蔵書により東京本館の書庫がほぼ満杯になり、新たに大規模な収蔵施設を確保することが必要となった。また、近年の急速な情報通信技術の発展に対応した図書館サービスを提供することが期待されており、これらの課題に応えるため関西館が設置された。

（2）関西館開館までの経緯
　　昭和57年（1982）6月　　国立国会図書館関西プロジェクト調査会設置
　　昭和62年（1987）4月　　国立国会図書館関西プロジェクト調査会答申
　　昭和63年（1988）8月　　「国立国会図書館関西館（仮称）設立に関する第一次基本構想」
　　　　　　　　　　　　　　策定
　　平成3年（1991）8月　　「国立国会図書館関西館（仮称）設立に関する第二次基本構想」
　　　　　　　　　　　　　　策定
　　平成6年（1994）12月　　国立国会図書館建築委員会が関西館建設について国会に勧告
　　平成7年（1995）11月　　「国立国会図書館関西館（仮称）建築設計協議募集要項」公告
　　平成8年（1996）8月　　応募493作品から、最優秀作品に陶器二三雄氏案を選定
　　平成10年（1998）10月　　関西館建築工事着工
　　平成14年（2002）3月　　関西館施設概成
　　平成14年（2002）4月　　関西館発足
　　平成14年（2002）10月　　関西館開館

2　関西館の基本機能
（1）　関西館の組織
　関西館には、総務課、資料部および事業部の1課2部が設置されている。資料部には文献提供課、アジア情報課および収集整理課が、事業部には図書館協力課および電子図書館課が置かれている。

（2）　資料配置
　関西館には、主に以下のような資料を配置している。
・国内外の参考図書・基本図書、書誌・目録、官庁出版物等の、調査研究に必要な資料
・利用の多い国内雑誌、外国雑誌、科学技術関係資料、国内博士論文、文部科学省科研費報告書、学術文献録音テープ等の、遠隔利用サービスに適した資料

・アジア言語資料、アジア関係資料

（3）館内利用サービス

閲覧室として、約4,500m²の空間に総合閲覧室とアジア情報室が配置されている。総合閲覧室には参考図書等と主要な新聞・雑誌、アジア情報室にはアジア関係図書とアジア諸国の主要な新聞・雑誌を開架している。座席数は350で、その多くに検索・資料請求用の端末が置かれている。そのほか書庫内にも多数の資料が所蔵されており、請求手続きをして利用できる。館内利用サービスとしては、閲覧利用、複写のほか、文献の調べ方・参考図書類の案内、書庫内資料の閲覧予約（登録利用者のみ）、東京本館および国際子ども図書館所蔵資料の取寄せ（登録利用者のみ）などがある。

（4）遠隔利用サービス

関西館は遠隔利用サービスの窓口として、国立国会図書館所蔵資料への遠隔地からの利用申込みを受け付ける。公共図書館等を経由して、図書館間貸出しによる所蔵資料の閲覧の申込みが可能である。複写は公共図書館等経由でも直接郵送でも申し込むことができる。また、当館ホームページから、インターネット経由での複写申込みも可能である（登録利用者のみ）。

（5）電子図書館サービス

国立国会図書館では、電子図書館を「通信ネットワークを介して行う一次情報（資料そのもの）および二次情報（資料に関する情報）の電子的な提供とそのための基盤」と定義し、電子化した資料を「いつでも、だれでも、どこからでも」利用できることを目指している。当館のホームページ上でのナビゲーションにより、NDL-OPAC（書誌データベース）、国会会議録全文データベース、近代デジタルライブラリー（明治期刊行図書画像データベース）、Dnavi（データベース・ナビゲーション・サービス）、電子展示会など、多様な情報にアクセスできるようになっている。

（6）電子図書館事業

東京本館と一体となって行う電子図書館サービスの提供以外にも、関西館では「インターネット資源選択的蓄積実験事業（WARP）」や、レファレンス協同データベースシステムの開発、電子情報保存の調査研究など、電子図書館に関する事業を行っている。

（7）図書館協力事業

国立国会図書館が行う図書館協力業務のうち、関西館は図書館に対する協力事業（総合目録事業、図書館及び図書館情報学の調査研究、研修交流事業、障害者図書館協力事業）を実施し、また図書館に対する文献提供サービスの窓口として機能する。

3　施設概要

外観

地上4階、地下4階の、ガラスの外壁が特徴的な建物は、約6万m²の延床面積があり、閲覧室や書庫などそのうちの約8割は地下の施設である。

修景滝

敷地の正面側の大通りに面する幅230mの滝を修景滝と呼んでいる。関西館が位置する関西文化学術研究都市では、大通りの歩道の小川やけいはんな記念公園など、水と緑豊かな街づくりが進め

られている。修景滝の水の流れは、こうした周辺の風景と連続性を保ち、快適な都市環境の創出に貢献している。

鋸屋根
　関西館が位置する関西文化学術研究都市は京阪奈丘陵と呼ばれ、豊かな自然が残っている。鋸屋根は中庭の雑木林と共に、それを意識した設計になっている。
　北向きの面には芝を張り、また南向きの面には光を乱反射する特殊なガラスを使用して、地下の閲覧室に自然の光を取り込んでいる。

エントランスホール
　長さ約45m、幅約15m、天井の高さ約6mの、建物から突き出た部分はエントランスキューブと呼ばれており、利用者の入口となっている。階段を下りると閲覧室や大会議室がある。壁面には建物外壁と同様にタペストリーガラスというエッチングを施されたガラスを使っている。二重サッシの内側のガラスには、日射を4割ほどしか通さないガラスが使われている。

中庭
　地下1階に設けられた中庭は、鋸屋根と共に、京阪奈丘陵の豊かな雑木林のイメージの再現を目指している。東西両側の中庭を合わせると、およそ3,300㎡の広さがあり、コナラ、アラカシなど100本以上が植えられている。閲覧者は、この中庭の間の通路を通って閲覧室へ進む。

閲覧室
　2（3）参照

総合案内
　閲覧室の入口にある総合案内では、所蔵資料の利用方法など、関西館全体の利用案内を行う。

書庫
　関西館は地下2階から地下4階までが書庫となっており、約600万冊分の収蔵スペースがある。書庫内は資料の保存に最適とされる、温度22度、湿度55％に保たれている。 
　地下2階、地下3階には固定書架、地下4階には電動集密書架とマイクロ資料を効率よく収納する電動回転ファイルが設置されている。さらに、地下3階と地下4階の北側を吹き抜けとし、自動書庫が作られている。

自動書庫
　自動書庫は、資料の出納作業を機械化した書庫で、およそ140万冊を収蔵できる国内最大級のものである。固定書架で書庫を構成する場合に比べておよそ4倍の収蔵能力がある。書庫内には、平均50冊の本が入る半透明のコンテナが、約2万8千ケース収納されている。閲覧者から請求された資料は、コンピュータによってコンテナ単位で呼び出され、必要な

資料を抜き取り、資料搬送ステーションから閲覧室のカウンターに届けられる。

カフェテリア

　4階のカフェテリアは、屋上庭園に面している。閲覧者は、閲覧ゲートを出ることなく西側のカフェテリアを利用できる。カフェテリアの壁面には、到着案内ディスプレイが設置され、資料の到着や複写製品の出来上がりが分かるようになっている。屋上庭園には、ヤマモモとオカメザサが植えられており、底の部分の防水仕様などに屋上緑化技術が生かされている。

4　参考資料
（1）関西館施設
内海啓也「国立国会図書館関西館施設のあらまし」(『国立国会図書館月報』　493号 2002.4 pp.1-7)

（2）関西館の概要
山口和之「開館迫る国立国会図書館関西館－構想から20年、その経緯、組織、蔵書、サービス等」(『図書館雑誌』　96巻9号　2002.9　pp.681-685)

安江明夫「離陸した国立国会図書館関西館」(『国立国会図書館月報』　500号　特集　国立国会図書館関西館開館　2002.11　pp.8-11)

（3）関西館の利用者サービス
「関西館開館後の当館の一般利用者サービスについて－新しい遠隔利用サービスを中心に」(『国立国会図書館月報』497号　2002.8　pp.1-9)

「特集　関西館開館後の国立国会図書館のアジア情報サービス」(『アジア情報室通報』第1巻第1号　2003.3　pp.2-9)

（4）電子図書館サービス
「電子図書館サービスの新たな展開」(『国立国会図書館月報』　500号　2002.11　pp.19-25)

（5）図書館協力事業
児玉史子「国立国会図書館関西館開館と新サービス」(『大学図書館協力ニュース』　23巻4号　2002.11　pp.1-4)

あとがき

　関西地域に第2国立国会図書館を建設するとの構想が生まれてから約20年の時を経て関西館は現実のものとなりました。この息の長いプロジェクトは、国会議員の先生方を初めとして様々な人びとのご支援とご協力に支えられて進めることができました。あらためてお礼を申上げます。

　さて、この関西館開館記念シンポジウムは、インターネット時代にあって図書館はどのように対応していくのか、国境を越えた図書館サービスが現実のものとなる時代において国際協力、国際交流はどのように推進されていくのか、について様々な観点からその方向性を探ろうとの趣旨で企画されたものです。

　インターネットの急激な発展は、図書館に限らず人びとの意識や現実の行動様式さえも変えようとしているといっても言い過ぎではないでしょう。一昔前までは、ワープロ専用機が業務に導入され、それに漸く慣れたと思ったら、パソコンが出現し文字を綺麗に打ち出すだけではなく、高度の情報処理を可能とするようになり、我々もそのような変化に否応無しに適応せざるを得ない時代になっています。図書館の重要かつ伝統的なサービスである来館利用も施設的な限界を初めとして様々な限界を持つものですが、インターネットの出現によって、遍くサービスを提供することが可能となり、図書館という施設を意識しない利用者を飛躍的に増大させつつあります。しかし、社会の変化が大きければ大きいほど、その変化に対応できる人びととそうでない人びととの乖離も生まれることになります。図書館においても、このような時代が生み出す新たな格差を可能な限り小さくしていく努力も必要になります。

　今回のシンポジウムで出された様々な論点が、インターネット時代の図書館のありようについて考える参考になれば幸いです。

平成15年8月

　　　　　　　内海啓也（国立国会図書館関西館開館記念シンポジウム実行委員会）

国立国会図書館関西館開館記念シンポジウム実行委員会
　委員長　内海　啓也（関西館事業部長）
　委員　　吉本　恵子（関西館事業部図書館協力課課長補佐）
　　　　　小林　裕之（関西館総務課課長補佐）
　　　　　田中　　誠（関西館総務課主査）
　　　　　加藤登茂子（関西館資料部アジア情報課副主査）
　　　　　池田　澄美（関西館事業部図書館協力課副主査）
　　　　　中村　香織（関西館事業部図書館協力課）
　　　　　上綱　秀治（関西館事業部電子図書館課主査）
　　　（実行委員の所属は、シンポジウム開催時のものである。）

視覚障害その他の理由でこの本を活字のままでは読むことができない人の利用に供するために、この本をもとに録音図書（音声訳）、拡大写本又は電子図書（パソコンなどを利用して読む図書）の作成を希望される方は、国立国会図書館まで御連絡ください。

連絡先　国立国会図書館総務部総務課
　　　　住所　〒100-8924　東京都千代田区永田町1-10-1
　　　　電話番号　03-3506-3306

図書館新世紀
国立国会図書館関西館開館記念シンポジウム記録集

2003年8月8日　初版第1刷発行 ©　　　　　　　　　　定価：本体1,500円（税別）

編集　　国立国会図書館関西館
発行　　社団法人　日本図書館協会
　　　　〒104-0033　東京都中央区新川1-11-14
　　　　電話番号　03-3523-0811

印刷・製本　明新印刷株式会社

JLA200321　　　　　　　　　　　　　　　　　　　　　　Printed in Japan

ISBN 4-8204-0313-3

本文用紙は中性再生紙を使用しています。